JN058133

宗教と病

聖書的信仰の観点から

川中　仁　編

LITHON

まえがき

上智大学キリスト教文化研究所主催で毎年秋に開催されている聖書講座は、キリスト教諸派の先生方を超党派で講師にお招きするエキュメニカルな聖書の学びの場です。二〇二二年度の聖書講座では、「宗教と病――聖書的信仰の観点から」というテーマで、旧約聖書について国際基督教大学名誉教授の並木浩一先生、新約聖書について二松学舎大学の本多峰子先生と上智大学の角田佑一先生にご講演いただきました。本書はこの三人の先生方のご講演をまとめた講演集です。

並木浩一先生には、「旧約聖書の人々は病とどう差し向かったか」という題目でご講演いただきました。並木先生は、前半で、病に向かい合う旧約の人々の感覚とイスラエルと周辺世界における医療について詳述されます。後半で、ヘレニズム期の新たな展開としてヨブとベン・シラを取りあげられます。まずヨブについて、苦難をそのまま受けとめる受苦者的な信仰とともに、自己卑下に陥ることなく神への信頼を貫くヨブの姿が当時のユダヤ教正統主義の「批判」にもなっているとされます。次にベン・シラについて、ギリシア医学との邂逅による医療改革をとおして、医療を創造論的に根拠づけ、医療と信仰の両立の道を開いたとされます。こうして、医療を神の創造のわざの継続とみなし、医療と信仰の調和をはかるベン・シラの積極的姿勢のもつ現代的意義を強調されます。

本多峰子先生には、「イエスの癒し――病、穢れ、悪霊憑きについての新約時代の見方とイエスによる癒しの救済的意味」という題目でご講演いただきました。本多先生は、「罪の罰」、「穢れ」、「悪霊憑き」によるとされた三つの疾患におけるイエスの癒しに注目され、イエスの癒しの特徴を明らかにされます。すなわち、イエスの癒しが、まず罪の罰でも罪の赦しでもなく、神の憐れみによる人々の解放であったこと、次に穢れた存在として共同体から排除された人々の共同体への受容と復帰であったこと、そしてサタンとの戦いとしてサタンの支配を打ち破る行為であったことをしめされます。こうして、イエスの癒しの諸相を浮かび上がらせることで、イエスの癒しとは何だったのか、また逆にイエスの癒しとは何ではなかったのかを明らかにされます。

角田佑一先生には、「マタイ福音書における二人の盲人の治癒」という題目でご講演いただきました。角田先生は、マタイがマルコ福音書の盲人バルティマイの治癒物語に「二人の盲人」の目を「開く」（ἀνοίγω）という編集をしたことによって、イエスの治癒奇跡にいかなる意味を付与しようとしたのかを解明されます。その際、まず旧約諸文書とマタイ福音書における「ダビデの子」という称号の意味を明らかにしたうえで、マルコにおける一人の盲人の治癒物語が「二人」の盲人の治癒物語に編集されたことによって開かれた共同体性の次元に注目されます。こうして、マタイの治癒奇跡物語で導入された「開く」（ἀνοίγω）という言葉が、「ダビデの子」イエスが終末論的な救いをもたらす者であることをしめすために用いられていることを明らかにされます。

二〇二〇年春に突如として勃発したコロナ禍は瞬く間に全世界を覆い尽くし、それから三年あまりにわたって人類は出口の見えない状況の中で耐え忍ぶことになりました。十五世紀にヨーロッパ全土を巻き込んだ黒死病による災禍は、疫病の前に無力だった教会権力の失墜をもたらし、さらには中世の社会体制の崩壊にまでつながったとされています。今般のコロナ禍でも宗教はその存在意義が改めて問われることになりましたが、今回の聖書講座をとおして学んだことは、宗教が病の前に決して無力ではないということでした。聖書的信仰とは決して現実からの逃避ではなく、むしろ聖書的信仰によって困難な現実に立ち向かう勇気と力を取り戻すことができるということを改めて思い起こさせました。このような超越論的人格的他者としての神へのまなざしをもつことと困難な現実に敢然と立ち向かうこと、この神への信仰と現実世界への取り組みとの循環において、宗教は、目の前の困難な現実を克服し、さらにはより良い世界の構築を目指す使命を果たすことができるようになります。

本講演集が、人類が太古の昔から直面してきた「病」という問題に聖書的な観点から考えるための一助となれば幸いです。

まえがき

キリスト教文化研究所所長　川中　仁

宗教と病

——聖書的信仰の観点から

目　次

旧約聖書の人々は病とどう差し向かったか

並木浩一

新約聖書ではイエスによる「癒し」がシャープな焦点となる。それに対して旧約聖書は人間による「癒し」を積極的に語らないので、癒しを病と同等に並べて論じることに躊躇を感じる。そこで本論の題名から癒しを外したが、病と癒しは一つのセットとして扱うべきものであるから、本論は実際には両者を扱う。本論は前半において旧約の人々が病に直面する切実な感覚を紹介した後、この主題を歴史的に広い視野に置いてイスラエルにおける扱いの特色の理解に努める。後半では、この主題に対してヘレニズム期の医学がもたらした衝撃を扱い、ことにヨブ記、および旧約聖書続編に収録されているシラ書に注目する。最後にイエスの癒しの姿勢を視野に入れて、医療に差し向かう現代人の姿勢を問いたい。

一　病と死に差し向かう敬虔な人々のポートレート

「宗教と病」という総主題の言葉はよく考えられている。「病」を「病気」と言ってしまうと、現代の病理学的な病気概念にとらわれる。旧約聖書での「病」はもっと広くて「弱さ」を抱えた状態である（Frevel）。病はそれが引き起こす社会的苦境・精神的な苦悩をも含んでいる。

論題については、古代の人々の生活状況の認識が大事である。古代人の生存環境は悪かった。そのために容易に病に陥った。大体の人は長生きができない。一九六八年に紀元前後のエルサレム付近の三つの墓から三五体の人骨が発掘され、医学的な鑑定が行われた。それによれば、生まれて二五歳に達する人間は半数以下であった。成人できた人々の多くは四〇～五〇歳台で病没し、二人だけが六〇歳を越えていた（Haas, Kayser）。老年時代を味わえるのは、約二〇人に一人である。

この事情を念頭に置いた上で、旧約時代の敬虔な信徒の人生の感覚にふれておこう。

1　詩篇九〇編を読む

まず、よく知られた詩篇九〇編から3―10節を抜粋して示したい。

3「人の子らよ、帰れ」とあなたは言い　人を塵に帰らせる。
4まことに、あなたの目には　千年といえど過ぎ去った一日のよう。
夜回りの一時に過ぎない。
5あなたは人を死の眠りに落とされる。　人は朝に萌え出づる草のよう。
6朝には咲き誇り、なお萌え出づるが　夕べにはしおれ、枯れ果てる。

7あなたの怒りに私たちは消え入り　あなたの憤りに恐れおののく。
8あなたは私たちの過ちを御前に　隠れた行いを御顔の光にあらわにされる。
9私たちの日々はあなたの激しい怒りに　ことごとく過ぎ去り
私たちは吐息のように年月を終える。
10私たちのよわいは七十年　健やかであっても八十年。
誇れるものは労苦と災い。　瞬く間に時は過ぎ去り、私たちは飛び去る。

詩人は「私たちのよわいは七十年、健やかであっても八十年」（10節）とうたう。しかしすでに言及した通り、今日とは違い、そのような高齢に達するのはよほど恵まれた人であり、いわば理想の生である。詩人もそれほど長生きできるとは思っていないだろう。彼は神に向かい「あなたは人を死の眠りに落とされる」（5節）と不安を訴える。旧約時代にはまだ復活思想がなく、死ねば生は完全に終了する。死が不意に自分を襲うのは恐ろしい。神から「人の子らよ、帰れ」（3節）、死んで「塵」に帰れ、という声を突然に聞くときには、人は誰でも暗い気持ちになるに違いない。

「朝に萌え出て、夕べには枯れる」という人生のはかなさの感覚はどこの世界にも共通する。「草は枯れ、花はしぼむ。主の風がその上に吹いたからだ。まさしくこの民は草だ」（イザ四〇7）。五月頃に吹く砂漠からの熱風に晒されて一日で草が枯れる風景は、突然の疫病による病死が稀ではなかった聖書時代の人々にとっては、人生の脆さを適切に表現する。九〇編の詩人はそのような命の危機を神の「激しい怒り」（9節）と捉えた。人生は「労苦と災い」（10節）のみと感じつつ信仰に生きようとする貧しい人ほど、突然に襲う重い病に恐れおののくに違いない。詩人は人生の不安の中から神に向かって救いを訴えている。

2　詩篇九一編を読む

前節の詩編に後続する九一編も日常の危機からの逃れ場所としての神に必死に訴えている。2節から11節までを掲げたい。

2まことに主に申し上げる　「わが逃れ場、　わが城
わが神、　わが頼みとする方」　と。
3まことに主はあなたを救い出してくださる。
鳥を捕る者の網から　死に至る疫病から。
4主は羽であなたを覆う。　あなたはその羽のもとに逃れる。
主のまことは大盾、　小盾。
5夜、　脅かすものも　昼、　飛び来る矢も
あなたは恐れることはない。
6闇に忍び寄る疫病も　真昼に襲う病魔も。
7あなたの傍らに千の人が　あなたの右に万の人が倒れようとも
その災いがあなたに及ぶことはない。
8あなたはただ、　目を据えて　悪しき者の受ける報いを見る。
9あなたは、　わが逃れ場である主　いと高き方を住まいとした。

10 災いはあなたに降りかかることはなく
病もあなたの天幕に近づくことはない。
11 主はその使いたちに命じて　あなたのすべての道を守られる。

この詩人も九〇編の人生感覚を引き継ぎつつ、病に脅かされる日々に言及する。詩人はまず、「夜、脅かすもの、昼、飛び来る矢」（5節）と、不気味な攻撃に晒されている日常の情況を語る。続く6節は前節で言及した脅威が「闇に忍び寄る疫病（deber）」、「真昼に襲う病魔（qeṭeb）」であると明かしている。命を脅かす疫病を「飛び来る矢」と表現するのは、この時代の人々には大袈裟な表現ではない。人々は疫病に度々不意に襲われる。疫病は人々に大いに恐れられていた（月本 二〇二〇）。ヒゼキヤ王の時代にエルサレムを包囲したアッシリアの大軍が突然退却したのは「主の使い」が撃ち殺した（王下一九35）と記されているが、それは疫病が包囲する軍隊を襲ったからであろう。疫病は軍隊をも打ち破る力を持った無数の矢である。

今日のわれわれも、細菌やウィルスの攻撃を受けるが、病理が分かっているので、それを不気味な破壊力とは感じない。病理への発想がなく、病への対処法が分からない聖書時代の人々が、疫病を含めて、すべての病を「外から」不気味に人を襲う破壊者だと捉えるのは自然のことであった。ギリシア医学の出現までは、事情はどこでも同じである。現代人も突然に発病し、病没することがある。聖書時代の人々には一家の担い手の死は残された家族には死活問題であった。

人々は普通の病については、神自身が病を下しているとは考えなかったが、重い病に撃たれたときには「神の怒り」を感じていた。詩篇九〇編はすでに掲げたが、その詩人は「あなたの怒りに私たちは消え入り、あなたの憤りに恐れおののく」(7節)と怯えていた。敬虔な人々ほど、病の攻撃に曝された時、これは自分の神に対する落ち度が招いたのではないかと恐れ、そして反省する。

3　詩編三八編を読む

以上の反省を超えてもっとも悲痛な声を上げる詩人のうたが、詩編三八編である。この詩を一部省いて引用しよう。

2主よ、怒って私を責めず　憤って私を懲らしめないで下さい。
3あなたの矢が私を射貫き　あなたの手が私の上に降りて来ました。
4あなたの憤りのために　私の肉体に健やかなところはなく、
私の罪のために、骨に安らぎはありません。
5私の過ちは頭を越えるほどにもなり
重い荷物のように重くのしかかります。

6私の傷は、愚かな行いのために　膿んで悪臭を放ちました。
7私は身をかがめ、深くうなだれ　日夜、打ちしおれて歩き回りました。
8私の腰はただれにただれ　体に健やかなところはなくなりました。
9私は力を失い、いたく打ち砕かれ
心は呻き、うなり声を上げるだけでした。

10 わが主よ　わが望みはすべてあなたの前にあります。
嘆きもあなたから隠されてはいません。
11 心は動転し、私の力も私を見捨て　目の光りも私から離れ去りました。
12 愛する者も友も病の私から離れて立ち　親戚の者も遠くに立ちました。
13 私の命を狙う者は罠を仕掛け　私の災いを求める者は破滅を語り
日夜、欺きを口にします。（14—17節省略）

18 私は今にも倒れそうです。　常に痛みが私の前にあります。
19 私は自分の過ちを告げ　罪のためにおびえます。
20 私の敵は意気盛んで、数を増し　私を憎む者が増えています。
21 善に悪をもって報いる者が　善を求める私を訴えます。（22—23節省略）

この詩篇は病む主人公の悲惨な情況を執拗なまでに詩的に表現している。病が詩人の信仰を深めるとともに信仰を揺さぶる。病と宗教が不可分であることを、旧約の中でこの詩篇ほどに証しするものは少ないだろう。なおこの詩篇によれば、親しい者、友が病む詩人から距離を置いている。もしかすると、主人公は祭司が不浄と見なす重い皮膚病（後述）にかかっているかも知れない。生活水準の低い人ほど、この種の病気に陥りやすかった。

それればかりでない。彼には敵がいる。「私の敵」（20）は原文では「私の敵たち」と複数で記されている。彼らは、この詩人の病を悪の報い、神に見捨てられた者の姿だと、応報思想による理屈をつけて罵る者たちであり、詩人を心理的に追い詰めているとの察しはつく（月本 二〇〇六）。敵たちは裕福な社会層で、経済的な圧迫者ではないか。金持ちの体は脂ぎっている（詩一七10）。彼らは栄養状態がよく、病に罹りにくい。他方、貧しく敬虔な人々は信仰と経済の両方の圧迫を受ける。自分の内側からも外側からも責められて苦境に置かれ、弱っている。その全体が敬虔な人々の病の実態であった。

ここで少しだけヨブ記との関連を述べておきたい。ヨブはその思いを詩文で表白する際に、この詩篇三八編の叙述に共鳴して、それを徹底して利用した（ヨブ一六9―17、一九13―14）。しかし神への姿勢には両者に違いがある。ヨブはこの詩篇の4節、5節、6節が表白するような、神の憤りと自分の罪の関わりを決して認めない。ヨブのこのような態度は例外であって、多くの敬虔な信仰者は重い病に襲われるとき、この詩篇の詩人のような罪意識を持ち、神の前にうなだれたに違いない。

二　さまざまな病、身体障がいと回復の幻

詩編九一編は人を突然に襲う「疫病」と「病魔」に言及した。しかし急性の病気だけではなく、ゆっくりと進行する病も、慢性的な病もある。病を総称的に指すヘブライ語は「ホリー」（ḥ°lî）である。この言葉は「不幸」（コヘ六2、小友訳）というフレーズにも用いられ、不健康な状態を指す。人々は「病気」という抽象概念を知らない。人々は病をどれほど知っていたのであろうか。旧約聖書が言及する病の数々（Muntner）を整理して記したい。

1　申命記二八章が挙げる危険な病

申命記二八章には、イスラエルが神の掟を破った時に神が下す多くの病が呪いとして並べられている。

疫病（deber）　申二八21「主はあなたに疫病をまといつかせ、あなたが所有しようとする土地から、あなたをたち滅ぼす」。新改訳２０１７〔以下、新改訳と略称〕も同じ。NRSV “pestilence.” NIV は “diseases” で、病一般の意味にもちいている。アラビア語では「不幸」、「腫瘍」。この語は広い意味での「はやり病」を指し、人間にも（詩九一3）、家畜にも適用される（出九3）。それは民を滅ぼす不幸であって、「剣」と「飢饉」に並んで登場する（エレ二一7、他）。この語は一般的で、その使用例は多い（出五3、レビ二六25、サム下二四13、ホセ一三14〔共同訳「災い」、新改訳「とげ」〕、アモ四10、既述の詩九一6他）。

肺病（šaḥefet）　申二八22「主が肺病、熱病、炎症、高熱、剣、立ち枯れ、赤さび病をもって打つ」。「肺病」（新改訳も同じ）は語根の動詞がアラビア語で「消耗」を意味することからの推測である。古代の「結核」はエジプト考古学で実証されている（Nunn）。英訳聖書は肺結核を指す専門用語を用いず、“consumption”（NRSV）, “wasting diseases”（NIV）であるが、肺結核を念頭に置いた訳語であろう。肺病と熱病はセットになって、レビ二六16「私もまた、あなたがたに恐怖を引き起こし、肺病と熱病をもたらして、目を見えなくし、命を消耗させる」にも使われている。

熱病（qaddaḥat）レビ二六16、申二八22（引用済み）。語根が「火を灯す」という意味なので、熱病と訳される。病の実態は分からないが、「肺炎」を含むであろう。「熱病」（新改訳）、“fever”（NRSV）, “scorching heat”（NIV）。

炎症（dalleqet）申二八22（引用済み）。熱病とほぼ同義語と理解される。「高熱病」（新改訳）、“inflammation”（NRSV, NIV）。

高熱（ḥarḥur）申二八22（引用済み）。これも熱病の同義語として扱われている。「悪性熱病」（新改訳）、“fiery heat”（NRSV）、「干魃」“drought”（NIV）。「争い」シラ四〇9（ヘブライ語写本B）は語義を拡張しており、「カッとなること」か。

一般に、重い病は神に打たれた結果であると考えられた。「打撃」（maggēfā）は伝染する病の総称であり、エジプトに下された災厄に用いられている（出九14）。その中心的な災厄が「疫病」である（出九15）。疫病は急激な死をもたらすので、当然にも人々に恐れられた（民一七13―15、二五8―9、他）。

2　申命記二八章が挙げる皮膚病

熱病もしくは疫病とともに言及が多くなされるのは「皮膚病」である。皮膚のひどい異常は個々人の、もしくはイスラエル全体の内と外とを分ける境界の破壊であって、「穢れた状態」の徴表であった。

エジプトの腫れ物（šeḥîn miṣrayim）　申二八27「主はエジプトの腫れ物、潰瘍、湿疹、疥癬であなたを打ち、癒すことはない」。この一文に皮膚病が出揃っている。「エジプトの腫れ物」は、出九8―12でのエジプト全土の人畜に降った腫れ物の総称である。この語のアッカド語、アラビア語の関連語は熱をもった状態を指す。申二八35では膝と足もしくは腿に生ずる「悪性の腫れ物」（新改訳も同じ）に用いられる。「悪性の」は「ひどい」という一般的な意味である。ヨブ記作者はヨブに降った皮膚病の症状の説明に35節の成句をそのまま適用し（後述）、炎症が全身を覆っていることを強調する（ヨブ二7）。

潰瘍（ʿōfel）　申二八27（引用済み）。アッカド語の対応語は「疥癬」。新改訳は「腫れもの」（NRSV "ulcer," NIV "tumors"）。サム上五9―12は、ペリシテ人が「神の箱」を運び入れたために、この「腫れ物」がエクロンに蔓延し、死の恐怖に陥れたとして言及する。

湿疹（gereb）　申二八27（引用済み）。アラビア語では同義で用いられる。新改訳「湿疹」。NRSV "scurvy"［壊血病］、NIV "festering sores"［化膿した傷］。二つの英訳聖書はこれを湿疹よりも重い症状であると理解している。そのほか、レビ二一20、二二22［いずれも湿疹］。

疥癬（ḥeres）　申二八27（引用済み）。アッカド語、アラビア語は同義。NRSV, NIV "itch."

重い皮膚病（ṣāraʿat）　については、第四章で説明する。皮膚の異常が共同体として放置できない「穢れ」であることを強調する。

3　旧約聖書が注目する精神の状態

旧約聖書は「精神もしくは判断力の異常」にも注意を払っている。

狂気（šiggā‘ôn）　申二八28「主はあなたを狂気、失明、精神の異常によって打つ」（直訳）。見定めるべきものを失った状態。王下九20。ゼカ一二4は次項の「失明」を伴う。

失明（‘iwwārôn）　申二八28（引用済み）。ここでの言及は単なる失明ではなく、判断力、眼力の喪失であろう。

精神の異常（timmāhôn lēbāb）　申二八28（引用済み）。異常者は皮膚病患者だけではない。精神異常者もそうである。

サウルはダビデの戦上手と人気に嫉妬して、心を病んだ。サム上一九9「時に**主からの悪い霊**（rûᵃḥ YHWH rā‘āh）がサウルに臨んだ」との記述がある。旧約聖書はまだ、神から独立した悪霊を認めない。

旧約聖書は人の**精神の高揚と下降**をかなり感情の赴くままに描く。「私は虫けら、とても人とは言えない。人間のくず、民の恥」（詩二二7、新共同訳）はその典型である。ヨブは高貴なる自己像をメシア的な気分の高揚を伴って描く。「私が彼らに微笑むと、彼らはとても信じられず、彼らが私の光を貶めることはなかった。私は彼らの道を選び、首席を占め、居場所を定めていたが、それは陣中の王のよう、悲嘆する者たちを励ます者のようであった」（ヨブ二九24—25、並木訳）。その直後では現在の悲惨を思い切り語る。「私は陽光を受けることなく、暗い面持ちで歩き、集会で立ち上がって助けを求める。私はジャッカルの兄弟となり、駝鳥の仲間になった」（二九29—30、並木訳）。この落差は尋常ではない。エリヤは数百人のバアルの預言者たちに降雨を呼ぶ力で勝利して精神が高揚したが、イゼベルの脅しを耳にするや荒れ野に逃走して、神に命を取ってくれと願った。死にたいと思う気持ちを「鬱状態」と説明できる（大野）かも知れない。そうであれば、イスラエルは人間の**躁と鬱**に事実上言及している。

以上、旧約聖書の人々が日常的に陥るかも知れない病の諸領域を展望した。病の分野が疫病、皮膚病、心の異常に限られ、出語箇所も限られている。肺病を例外として、内臓や循環器の病気への言及がない。「内科」領域の疾患は古代世界の知識では語りえなかった。伝染性の消化器病は「疫病」で括られているであろう。しかし旧約聖書で言及されている限りでも、人々は多種類の病を知っていた。病の多さは、人々が健康に生きるということがどれほど貴重であったかをわれわれに教える。通常の人々がさまざまな病に脅かされながら生きているこのような情況では、前章で言及した詩編の敬虔な詩人たちが神に命の保全を必死で訴えるのは当然であった。

4　穢れた状態への注意

病との関わりを持ちつつも、病とはカテゴリーが違うが、人間を無力に陥れるものとして**穢れ**があり、それについても言及しなければならない。「重い皮膚病」は儀礼的な穢れであると同時に共同体の穢れと見なされたが、それと同じように、「体液の流失」も個人と共同体の両方に穢れをもたらすと考えられた。これを穢れと捉えるのは、それが生命力を減少させると考えるからであろう。

漏出物（zôb）　レビ一五2、他。これは射精を含む漏出であるが、出血性尿道および良性淋病による体液の漏出を含んでいる可能性がある（Milgrom 1991）。「淋病」は一五世紀のコロンブスの一行が熱帯地区で罹患し、帰国後に世界に広めた病気であって、聖書時代には存在しない。レビ一五2―17は男性の漏出に関する穢れを概観する。

性行為は生命の生産の面からではなく、精液の喪失と見られ、男女ともに穢れるが夕方までの穢れに止まる。レビ一五18。

女性の穢れについては、レビ一五19―30が扱う。女性の漏出物は病的なもの、定期的な出血としての月経も穢れと見なされる。しかも女性の定期的な漏出は男性の漏出よりも重いと考えられている。穢れは「生」の力の減少と考えられているので、女性はもともと生の力が強いと見なされているのだろう。

レビ記一五章の考察は、生理現象が一時的な穢れであるのに対して、漏出の絶えない者は恒常的な穢れを背負う病者であることを語っている。体液の漏出は皮膚病で膿を出す病者においても起こる。その人は常時穢れていると見なされる。ヨブの皮膚のひどい炎症は「固まっては崩れる」（ヨブ七5）ことを繰り返していた。彼には、穢れた者として社会から差別されることの苦痛が加わっていた。重い漏出者は不幸な人生を背負った病者であった。

5　身体の不全

代表的な病への言及は契約違反者への罰を列挙した申命記二八章においてほぼ尽きている。この章が言及を逸しているのは、心もしくは身体の不全である。そのうち四つをレビ記一三章が取り上げている。心身の症状に関わる事柄を補足的に取り上げておきたい。

苦痛（'aṣṣebet）　詩一六4「他の神を追う者は苦しみを増すがよい」、ヨブ九28「私はすべての苦痛を恐れている」、箴一五13「心の苦痛」（直訳。岩波版旧約聖書 箴言）。苦痛は心身を蝕む不健康な状態である。

鱗屑（sappaḥat）　レビ一三2「吹き出物」（新改訳「かさぶた」）、一四56「吹き出物」（新改訳「かさぶた」）。皮膚が鱗状になり、細かく砕け散る症状。

白斑（baheret）　レビ一三2「斑点」、他。

禿げた頭（qāraḥat）　レビ一三42—43（新改訳「頭のはげ」）。

禿げた額（gabbaḥat）　レビ一三42—43（新改訳「額のはげ」）。

白内障　専門用語はない。創四八10「イスラエルの目は老齢のためにかすんでよく見えなかった」。ここでは老人性の白内障が考えられる。

レビ記二二章22節は、主に献げるべきでない欠陥のある動物の状態を次のように列挙する。「目の見えないもの、骨折したもの、変形したもの、こぶのあるもの、湿疹やかさぶたのあるもの」。これらの身体の不全の状態は、動物だけでなく、人間も先天的に、もしくは後天的に陥る状態でもある。その欠陥状態の言葉を列挙する。

視力喪失（'averet）、**骨折状態**（šābûr）、**切断状態**（ḥārûṣ）［共同訳では「変形したもの」、「脚の不具合」Milgrom 2000］、**結節状態**（yabbelet）［「膿が滲み出る傷のある状態」Milgrom 1991］、**湿疹状態**［既出］、**瘡蓋状態**（yallefet）。最後の二つ、「湿疹」と「瘡蓋」は皮膚が傷んだ状態であり、レビ記二一章20節の祭司としての不適格条件としても挙げられる。その他の不適格条件は体の欠損である。「目の不自由な者、足の不自由な者、鼻が欠けている者、手足の不釣り合いな者、手足の折れた者、背骨の曲がった者、背丈が極端に低い者、目に白斑のある者、睾丸の潰れた者」（レビ二一18）である。なお、足の不自由者、視力喪失者は神殿に入ることを禁止された（サム下五8）。

6　身体障がい者の健常者への変貌

これらの社会的に差別された人々の救済に目を向けたのは、ヘレニズム時代に台頭の兆しを見せた初期黙示的な預言である。それは終末の救いの日には、これらの先天的・後天的な身体障害者が健常者に変貌するという「幻」を語る。救済の日の、この美しい幻は引用しないわけにはいかない。イザヤ書三五章を掲げよう。

1 荒れ野と乾いた地は喜び　砂漠は歓喜の声を上げ
野ばらのように花開く。
2 花は咲き溢れ　大いに喜びの歌声を上げる。

レバノンの栄光と　カルメルとシャロンの輝きが砂漠に与えられる。
人々は主の栄光と私たちの神の輝きを見る。
3 弱った手を強くし　萎えた膝を確かにせよ。
4 心を騒がせている者たちに言いなさい。
「強くあれ、恐れるな。　見よ、あなた方の神を。
報復が、神の報いが来る。神は来られ、あなた方を救う。」

5 その時、見えない人の目は開けられ
聞こえない人の耳は開かれる。
6 その時、歩けない人は鹿のように跳びはね
口のきけない人の舌は歓声を上げる。
荒れ野に水が　砂漠にも流れが湧き出る。
7 熱した砂地は池となり　干上がった土地は水の湧く所となる。
ジャッカルが伏していた所は　葦やパピルスが茂る所となる。

8そこには大路が敷かれ　その道は聖なる道と呼ばれる。
汚れた者がそこを通ることはない。
それはその道を行く者たちのものであり　愚かな者が迷い込むことはない。
9そこに獅子はおらず　飢えた獣は上がって来ず
これを見かけることもない。　贖われた者たちだけがそこを歩む。
10主に贖い出された者たちが帰って来る。
歓声を上げながらシオンに入る。　その頭上にとこしえの喜びを戴きつつ。
喜びと楽しみが彼らに追いつき　悲しみと呻きは逃げ去る。

美しい救いの日の情景である。この日の救いを最も喜ぶ者が、神殿から排除される先天的・後天的に身体的な障がいを背負う人々である。社会的な圧迫者に対する神の「報復」も語られてはいる（4節）が、ここでは人々の日常的な繁栄などは救いの日には問題にならない。身体的に人間の条件を満たすこと、そのような者として新生すること、それが救いの頂点として待望される。この終末的な救いが、後日、イエスに接続する。イエスは神の国の福音を伝えた。神の国が到来するしるしは、この世界で苦難を負った人々に人間の条件が与えられることであった。イエスは身体の癒しだけでなく、悪霊からの解放をも、神の国の到来の証として行った。

三　イスラエルと周辺世界における医療

前章では最後に障害を持つ人々が終末の救いの日に肉体的に十全な人間としてリセットされることに言及した。この終末的な救いは、旧約時代の最も遅い時代（ヘレニズム時代）に例外的に待望されたものであった。現実には、人々は日常を生きている。人が病めば医療が必要になる。一般に人が病に陥れば、民間医療の伝統を受け継いでいる医者に治療を求めるはずである。古来、イスラエルは医者と医療をどのように受け止めていたのであろうか。医療は文明の発展段階とその質のバロメーターである。本章はその観点から、イスラエルの周辺世界とイスラエルの医療の特色を押さえておきたい。

1　メソポタミアとエジプトにおける医療

イスラエルの周辺世界での文明の先進地帯はメソポタミアとエジプトにほかならない。この二つの地域は早い時期から医療の先進地域であった。しかし両者には類似と相違がある。メソポタミアではシュメール以来の医療文化が継続していた。古バビロニア（前三〇〇〇年紀終わりから前一六〇〇年代初め）ではすでに治療に薬草、動物、鉱物が使われていた。それを語るのが考古学の成果であって、発掘により医療用の舌を押さえるヘラとか、ランセット（切開用の幅の狭い小刀）が出土している。刃物の使用は、『ハンムラビ法典』（前一八世紀中頃）からも分かる。医者がこめかみの手術で患者の目を痛めた場合の賠償額が定められている（二一八条）。宮廷では医療水準は相当に高かったはずである。

メソポタミアの民間での医療には、医療伝承に従う医者たちが当たったが、彼らの社会的地位は低かった。メソポタミアには病気の症状を記載したマニュアルが存在し、医者たちはそれを用いて病を見定め、対処を決めた。しかし彼らの仕事はそれに止まらず、どの神もしくはどの死霊の手が患者に下されているかを見定めて、その神々や死霊を宥める儀礼を行った。民間医の診療は厄払いの呪術的な儀礼と不可分であった。マルドゥクのような有力な神は瀕死の者を生き返らせる「清い呪文の主」（月本 二〇二二）と呼ばれ、「病を清め、災厄を祓う」（同）ことを任務とした。

メソポタミアでは民間医の伝統的な医療方法に対抗して、病気の症状の観察者たちが出現した。彼らは、病は種類に応じて特定の症状を発するものと理解して、病人の熱や血流などを検査した。彼らはまた、羊などを屠殺して内臓のありさまを観察し、病人の今後の運命を予測した。このような観察は財力のある宮廷に適していた。彼らが症状を観察する姿勢は既存のマニュアルへの依存を脱するものであったが、その関心は病人の予後を決定し、患者の運命を告げることに向けられていた。手段を尽くしての病の兆候の読み取りが当時の科学的な姿勢であったが、残念ながら、病状観察は治療のためではなく、病人の運命の見極めるためのものであった。そのため医療への関心は後退した。病状の観察者たちが勢力を伸ばした結果、民間の伝統的な治療は圧迫され、伝統的な医療は、新アッシリア時代の終わり（前六〇〇年頃）とともに衰退した（Oppenheim）。以後は宮廷でさえ、かつての治療水準を維持できなくなった。

新バビロニア時代以降、メソポタミア文明圏での医療がいかに貧弱であったかを前五世紀のギリシアの最初の歴史家として知られるヘロドトスが報知する。彼は興味に惹かれて誇張して記述するので、客観的な歴史叙述ではないが、彼の叙述から大まかな事情は察知できる。彼によれば、ペルシアには医者が存在しないので、患者は街頭に出され、通行人から経験的な治療方法を聞かねばならなかった（Herodotos 三・一九三）。また、ダレイオス王が足をくじいた時、足首の治療のために、役立たずの侍医に替わって、たまたま身柄を拘束していたギリシア人医師デモケデスに治療させた（三・一二九―一三〇）。このように後代のメソポタミアでは昔日の医療技術が失われていた。

視野をエジプト文明に転ずる。エジプト人は前三千年紀の古王国時代にすでにピラミッドを建造しており、医療においても彼らの能力を発揮した。医療方法を指示する各種の医療パピルスは前二千年紀中葉の新王国時代のものが重要であるが、医療はすでに一千年以前に遡ると考えられている。外傷の手当は合理的になされたが、外科手術は極めて基本的なこと以外には行われなかったと考えられる。内科の病はその原因が分からず、また肉体に原因を求めることもしなかったので、食事に注意を払うほかは、瀉血や塗布、投薬などの経験的な手法による医療に頼った。当然、その治療効果は限られていた。医療従事者は呪文によって神々を呼び出し、患者をその加護に委ねた。治療パピルスは時代が下がるほどに、呪文の量を増やしている。

医療の手法は古王国時代からヘレニズム期に至るまで、基本的な変更なしに一貫した。医療には医師のほか、祭司、呪術師も参加したが、最も重要な仕事は医師が行った。エジプトではメソポタミアと違い、医師は尊敬され、その身分は確立されていた。ファラオは死後の世界における自分の医師の確保を心がけた。エジプトは早い段階から医者たちの管理者から、通常の医者、その助力者としての祭司と呪術師にいたるまで職務者のヒエラルキーが築かれた。また、医師の中には専門分野に携わる者もいた。

エジプトでは薬剤は吐剤などを含めて豊富に用いられた。そのため、後代、エジプトの医療はペルシアや、都市国家黎明期のギリシアで名声を得ていた。キュロスはエジプトの王アマシスに眼科医の派遣を要請している。もっともエジプトの医術はギリシアで興隆した新たな医術には対抗できる水準にはなかった。前述したダレイオス王の足首に治療のエピソードに戻るが、最初に治療に失敗したのは、エジプトから派遣されていた侍医であった（Herodotos 三・一）。

オデュッセイアは、エジプトが薬草に富み、各人が薬師であって、まことに医事の神パイエオンの族であると褒めている（Homeros Od. 四・二二九、二三二）。前四三〇年頃、ペルシア支配下のエジプトを旅行したヘロドトスは、医者が眼科や胃腸科などに専門分化していることへの驚きの念を隠さない（Herodotos 二・八四）。この時代のエジプトのギリシア人居留地には新に勃興したギリシア医学が進出していたが、ギリシア医術の受容者はギリシア人やエジプトの支配層であるに止まった。エジプト文明は保守的であって、ギリシア医学を受け付けずに伝統を守り続けたが、紀元後のエジプト文明の終焉と共に消滅した。

旧約聖書の人々にとってのエジプトは死者崇拝の国であった。彼らには、呪術と強く結びついた医療の受容は不可能であった。彼らがイメージするエジプトは、ファラオの「呪術師たち」と「魔術師たち」による「秘術」の国であった（出七11）。

2　人による医療を抑圧するイスラエルの一神教

イスラエルの二つの王国のうち、力のあった北王国イスラエルは前七二二年にアッシリアによって滅ぼされ、南王国ユダはその後も約一世紀半生き延びたが、前五八七年に新バビロニアによって滅ぼされた。前五三九年にペルシアのキュロス王がバビロニアを滅ぼして帝国を築いて以降、ユダの捕囚民に帰国を許したので、前六世紀の前半に一部の捕囚民がバビロニアから先祖の地に帰国した。彼らは律法を制定して民族のアイデンティティの確立に努力した。以後、彼らの宗教は「ユダヤ教」と呼ばれ、その担い手が「ユダヤ人」と呼ばれた。彼らは自分たちの民族のアイデンティティの確立を意図して一神教の伝統を確立しようとした。そのためにユダヤ教は、バビロニアが神々や死霊からの打撃と理解した病の考え方を排除した。またバベル（バビロン）の塔への批判の物語（創一一1―9）に見られるように、バビロニア文明には批判的であった。他方、彼らは死者崇拝のエジプト文明にも警戒心を働かせ、神々と呪術的に結びつく医療の受容を拒んだ。ヨセフ物語によれば、ヨセフは父ヤコブの亡骸をミイラ化して祖国に送り返すために宮廷の医師たちを動員したが（創五〇2）、それはエジプト医学の受容を意味していない。

エジプトが多くの医師たちの名を記録したのとは対照的に、旧約聖書は驚くことにイスラエル人医師を一人も登場させない。そのような旧約聖書の叙述は、この書物の叙述に対するヤハウェ主義的な規制が働いた結果であろう。王国時代のイスラエル人は周辺大国の文明の圧力を受けたので、大国には常に警戒心が働いた。ユダヤ教徒は呪術と結びついたエジプト医学の伝統を受容しなかった。ユダヤ教は、一神教の確立に熱心なあまり、人間に病を癒す力を認めることに抵抗した。結局、この民族は終始、医者を育成する姿勢に欠き、この民族の医療水準は、ヘレニズム期に至るまでは低いままであった。

3　ヤハウェ主義者たちの医療観

旧約聖書は医療に対するイスラエルの特色をはっきりと語る。ヤハウェ主義者たちは日常的な数々の病に対応するために、ヤハウェだけが病気の治療者であると、積極的に発言した。旧約聖書における病と癒しについての第一の特色はこのことの明確な主張である。ヤハウェはメソポタミアやエジプトの神々もしくは悪霊とは違い、人々に個々の病気を送るとは考えられなかった。ただ、ヤハウェはご自身と民との契約を破り、反逆した者には、懲らしめのために飢饉や剣（外国からの攻撃）と並んで、様々な病を送るものと人々は理解した（申二八15―67）。懲らしめが「罰」のかたちをとることはあったが、それは「制裁」ではない。

病と癒しに対する見方の第二の特色であるが、ヤハウェはみずからが病を下すことことによって、人に「悔い改め」を求めると理解された。イスラエルは病が神の決定による宿命であるとの考え方を拒否した。

第三の特色は呪術的な思考の排除である。イスラエルは神に癒しを促すような呪文も儀礼も受け容れなかった。そもそもイスラエルには、献げ物によって神を宥めるという考え方がない（月本 二〇二〇）。神への捧げ物の規定に「宥めの香り」（レビ一9、他）はあるが、それは神ご自身が心を穏やかにするためのものであり、神に対する人の感謝の表現であった。この術語（niḥōaḥ）は「静めの香り」とでも訳した方がよいだろう。これがこの民族の特色であった。ことに申命記主義者は神が送る病に関して、それが「立ち返り」を促す「懲らしめ」であることの意味を強調した。

申命記史家的理解によれば、モーセは世を去る直前に民族全体へのメッセージとして、長い祝福の終わりに次のような主の言葉を伝達した。

「今こそ見よ。私、私こそそれ［隠れ家］である。私のほかに神はいない。
私は殺し、また生かす。私は傷つけ、また癒す。
私の手から救い出せる者はいない。」（申三二39）

これが医療に関するイスラエル民族の正統主義の綱領である。注目すべきは、主の打撃と傷の癒しが個人から社会への、ときには自国民を超えて他民族への、打撃と癒しにまで拡張されることである（イザ一九22）。それが旧約聖書のもう一つの特徴である。イスラエルについては、エジプト脱出後の砂漠放浪時にマラという場所で、民衆が『水が苦くて飲めない」と不平を言った時に、神はご自身の掟を彼らに示した上で、こう言った。「もしあなたの神、主の声に必ず聴き従い、主の目に適う正しいことを行い、その戒めに耳を傾け、その掟をすべて守るならば、エジプトに下したあらゆる病をあなたに下さない。まことに私は主、あなたを癒す者である」（出一五26）。病は民族全体への神の懲らしめとして意味づけられる。

4　医療活動に関わった者たちと医療への言及の不在

神学的な次元では前節終わりに引用した神の応答が示すように、ヤハウェのみが癒し手と見なされる。それは神学レベルの発言であって、個々人の日常生活に直結するものではない。人が陥る病による痛みや外傷には、医者による医療行為が必要である。旧約聖書がそれについて沈黙するのは、私見によれば、旧約聖書の形成に参与した正統主義者が、その立場を貫徹するために医師の活動への言及を避けたためであった。医者たちが社会にいなかったわけではない。

推察するところ、民間には神の権威を背にして医療に携わった者たちがいた。その担い手は、神と直結する異能者たることを自認する「ナビー」たちであった。ナビーは「預言者」と訳されるにもかかわらず、イザヤのように、国家、社会を批判する個人として神の言葉を語ったいわゆる古典預言者とは違い、神の権威の代理人として「医療」などの民衆の需要に直接応えた宗教的実務担当者であった。聖書が報ずるところでは、エリシャがナビー団の指導者であり、彼には「預言者の仲間」（王下二3、他）がいた。彼らはどうやら無産者であった。彼らの集団生活（王下四38―41）は、いわばギルド的な集団を形成していたことの表現であろう。基本的には、ナビーたちは個々別々に各地を遍歴し、民衆のさまざまな相談に応じていたと推察される。

ナビーたちの活動のうち、とくに癒しは重要で、彼らはその報酬によって生計を立てていたと思われる。もっとも、旧約聖書は彼らが癒しを行ったということも、彼らが癒しによって報酬を受け取ったという記事を残さず、正統主義に合わせた言動を記した。

民衆から見れば、彼らはカリスマの保持者、すなわち癒しを行う「異能者」、すなわち「神の人」であった。正統主義が報酬を語らなくても、民衆が異能者の仕事に対しては報酬を払うものと心得ていたことが垣間見える。サウルは父が見失った数頭の雌ろばの所在を言い当てる能力を持つサムエルという先見者の滞在場所に行くために、報酬として銀四分の一シェケルを用意した（サム上九7―9）。ここでは明らかにサムエルが異能者と見られている。この記事には、彼らは「ナビー」（預言者）と呼ばれたとの注記が書き込まれている（9節）。この箇所を読めば、「神の人」、「先見者」、「ナビー」（預言者）は互換的であることが分かる。

異能者としてのナビーはどのように癒しを行ったのか。次にその一例（王下四8―37）を取り上げて、正統主義的編集の意図を確認しておきたい。長い話であるから、要約する。エリシャはある時、老いた富裕者の妻であったシュネムの女の一人息子を死から生き返らせたことがあった。エリシャはこの女が子を授からなかった時期に彼女に対し、「来年の今頃、あなたは男の子を抱いているであろう」と、いわば神の権威をもって託宣を行っていた（16節）。その予告通りに、彼女には翌年男児が生まれた。しかしこの児は成育途中に突然死んでしまう。急遽、エリシャが呼ばれた。彼はこの児の上に体を合わせて伏した。明らかに感染呪術的なこの医療行為の結果、この児を生き返った。しかしこの物語は、エリシャがこの児を癒したのだと決して語らず、読者が彼による癒しと受け取られないための工夫を凝らした。息子の生き返り後に、エリシャはその母に「子どもを抱きなさい」(36節)と言うが、それは不妊時代の彼女にエリシャが語った言葉、「来年の今頃、あなたは男の子を抱いているであろう」(16節)との託宣が、子どもの生き返りの後で成就したことを強調するためである。物語作者は話の重点をエリヤの行動から、神的権威を持つ者の言葉の成就に移した。

このような作為的な意味づけに捉らわれず、物語全体を率直に読めば、エリシャが行ったことは、どう見ても癒しの実践である。にもかかわらず、この物語においては「癒し」、もしくは「癒す」という言葉が一度も使われない。もちろん、報酬の受け取りは記されない。

実は、エリヤもすでに同様の癒しを行っていたと報知されている(王上一七17―21)。しかしこの物語はエリシャがエリヤの霊の受領者、すなわち後継者であるという扱いを受けた(王下二9)後に、エリシャ団がエリヤを師として、彼の活動を引き受けたというレールを敷設するために制作した物語である。エリヤは前八世紀の文字の普及以前の預言者であったため、彼の名による書物が残らなかった。しかし彼の社会的批判活動への言及（王上二一章）は、その歴史性への問いを棚上げにして行動類型にのみに注目すれば、古典預言者への繋がりを示唆する。そのエリヤがエリシャ物語においてナビーの祖とされ、エリシャはエリヤのカリスマの相続者とされた（王下二9―12）。

現在の聖書ではエリシャの活動が目立つので、彼にまつわるもう一つ物語を付け加えておきたい。エリシャはある時、アラムの将軍ナアマンの皮膚病を癒した。ナアマンはエリシャの名声を聞き、馬と戦車を従えて来た。ところがエリシャはナアマンに会うことはなく、仲間の一人を介してナアマンに「ヨルダン川に行って、七度身を洗いなさい。そうすれば、あなたの体は元に戻り、清くなるでしょう」（王下五10）という言葉を伝達しただけであった。ナアマンはエリシャが有力な治療者であると見込んで、エリシャに手を置いてもらうなど、直々の医療行為を期待してわざわざヨルダン川の東の国からやって来たのである。ところがエリシャから相手にされず、ただその身をヨルダン川で洗えという、人を馬鹿にしたような言葉だけが彼に伝達されたに過ぎなかった。ナアマンは適当にあしらわれたと思い、当然にも怒った（五11）。しかし彼は従者の言葉によって気を取り直し、川での水浴びを実行した。すると、エリシャの言葉通り、見事に体が回復した（五14）。この時、エリシャはナアマンからの謝礼の申し出を固辞した（五16）。このエピソードもエリシャの医療自体を語らず、彼が発した言葉の権威のみを語っている。なお、このような物語が記される背景には、異能者の言葉の権威は神に由来するという了解があった。異能者としての活動が目立つエリシャに「神の人」という称号がもっとも多く使われているのは、偶然ではない。

5　町医者と宮廷医、および薬学の知識

医療を行う異能者は各地を巡回したようだ。しかし彼らとは別に、町には民間医がいたはずである。そのことはイスラエルの民事法の一条文から推測できる。人が殴り合いをして怪我をさせたならば、「仕事を休んだ分を補償し、完全に治療させねばならない」（出二一19、新共同訳）との規定がある。この法文は人が駆けつけることができる町医者が存在しており、医者には治療費が支払われることを当然視している。

なお、周辺大国の宮廷と同様、イスラエルの宮廷にも医学知識の集積があり、王の侍医がいたはずである。ヤハウェ一神教に熱心な申命記主義的な歴史編集者たちは宮廷医学への言及を避け、宮廷医に言及しないが、イザヤ書の中に、宮廷において医師的な行為をした人物を一人登場させている。イザヤは社会的・政治的批判の言葉を語った古典預言者であったが、この彼が列王記では、ヒゼキヤ王が死ぬ運命にあるという神の託宣を彼に伝える役割を負わされた。託宣を聞いたヒゼキヤが泣いて神に癒しを懇願したので、その後、イザヤは「私はあなたの寿命を十五年延ばす」(イザ三八5、王下二〇6)という神による癒しの言葉を伝達した。そればかりではなく、イザヤ自身も治癒のために干しイチジクをヒゼキヤの患部に貼った(イザ三八21、王下二〇7)。この一連の行動においてイザヤはナビーに扮して行動した。

このヒゼキヤの事例のように患部には湿布も行われたが、イスラエルにおいても外傷の手当には塗油が一般に行われたであろう。なお治療用には高価な香油/乳香が使われたこともあったと推測される(エレ八22、四六11、五一8)。塗り薬(ヨブ一三4「塗りたくる」からの推測)も使われたようである。

ソロモンはレバノン杉からヒソプに至る草木についての知識の所有者であったと記されている（王上五13）。彼は「エジプトのいかなる知恵にもまさっていた」（五10）とまで言われている。彼の知識が薬草の知識を含まないはずはない。宮廷に薬学が伝承されているという了解がなかったならば、申命記史家によるこの種の記述は生まれなかったに違いない。

四　穢れた皮膚病の扱い

1　神に撃たれて発症した皮膚病は死を連想させる

旧約聖書に登場する病でどうしても取り上げなければならないのが、「重い皮膚病」である。重い病状は感染を及ぼし、祭司文書の立場からはイスラエルの聖性を損なうと見なされるので、重症者は社会的に放置できず、隔離された。病者の表皮は損なわれて肉のただれを見せる。それが人々に不快と恐怖感を与えたであろう。そのことを語る事件がイスラエルの砂漠放浪時代に起きた。祭司アロンの姉であるミリアムは、モーセの権威に嫉妬したため、神に撃たれて「重い皮膚病」を発症した。アロンは即座にモーセに対して、神への執り成しを頼み、「どうか彼女を、肉が半分損なわれた」（民一二12）死産の胎児のようにしないで下さいと懇願した。死産児は表皮が痛んで母胎から出てくるので、肉が損なわれていると表現したのであろう。ここでの死産児の描写は死への恐れを指し示す。祭司にとっては、炎症が肉に浸透して死を連想させるものはすべて不浄である。しかしミリアムはモーセの執り成しが功を奏して神によって癒され、共同体の外での生活を免れた。このエピソードは、人々が重い皮膚病の症状を心理的な恐ろしさの感覚をもって受け止めていたことを語る。

2　イスラエルの聖性を守るために隔離される者

レビ記一三章は祭司がこの重い皮膚病患者を見分ける観察基準を煩雑に記している。古代人は慢性的栄養不足のゆえ、すぐに何らかの皮膚病になりやすく、皮膚病は極めてポピュラーであった。そこで祭司から「清い」と宣言されるような、大したことのない皮膚疾患か、共同体の清浄を脅かす「重い皮膚病」に当たるか否かの区別が必要であった。伝染性の皮膚病もあったはずである。祭司には神殿の神聖性を守る義務があった。祭司文書では人の浄不浄は「神殿」の浄不浄と相関していた（Douglas）。

身体を神殿の徴表であると見なすことは、ペルシア時代以降の第二神殿時代には、ごく自然な行為であったであろう。初期のキリスト者も概してエルサレム神殿を重視していた。律法宗教としてのユダヤ教を激しく批判したパウロは回心後にもなお神殿を重視した。パウロは逮捕される直前、エルサレム神殿に参拝するために身を清めている（使二一26）。彼自身も神殿への供え物に肯定的に言及している（一コリ九13）。そのパウロが「あなたがたは神の神殿であり」（一コリ三16）と、信徒のありようを神殿に喩えたことは不思議ではない。

レビ記が重きを置く祭司たちにとって、人と神殿との象徴的なつながりはなおさら当たり前の重い事柄であった。それゆえ彼らはイスラエルの中に不浄者が出ることを恐れた。レビ記は神殿の聖性を保持するために、祭司から最終的に不浄と告げられた患者が天幕の外に出て自らを隔離し、衣類を裂き、髪を垂らし、口ひげを覆って、「汚れている、汚れている」と叫ばなければならないと規定した（一三45）。祭司には、不浄者を差別するという意図はなく、皮膚のただれが治れば、その人は共同体に復帰する。しかし一時的とはいえ、不浄を宣言された人に課せられた自己隔離の義務は悲惨であり、隔離期間中は被差別者となる。この悲惨はこの病が恐ろしいという感覚を人々に刻み込んだに違いない。

3 重い皮膚病はハンセン病ではない

聖書のヘブライ語はこの「重い皮膚病」を「**ツァラアト**」(ṣāra'at) と表記した。これは祭司がイスラエルの聖性を傷つけると見なした皮膚病の症状を指す語であったが、後日、キリスト教会は紀元後の地中海一帯に広がったハンセン病を示す言葉であると、不幸にも判断した。聖書の近代語訳は最初から旧約のツァラアト、および新約のレプラに対し、ハンセン病を表す言葉を訳語として選んでしまった。彼らはウルガタ訳でのレプラをおそらくレビ記が隔離を要求したハンセン病であると誤解し、そのことが大きな影響を与えた。ルター訳での訳語は伝統的に癩を示す“Aussatz”であり、欽定訳は“leprosie”であった。この訳法が近代語諸訳に影響を及ぼした。明治の文語訳では『癩病』、RSV (1952) は“a leprous disease”で、口語訳（一九五五）でも「らい病」であった。この訳法が長くハンセン病患者に打撃を与え、苦しめたことは疑うことができない。

現代の聖書翻訳者は専門家の指摘によってこの伝統的な訳法を反省し、その訳語を新共同訳は「重い皮膚病」、本論が用いている最近の聖書協会共同訳は「規定の病」と改めた。新改訳は二〇〇〇年代初頭の岩波版旧約聖書での表記「ツァラアト」に倣った。ツァラアトが癩ではないという今日のこの認識は、実は一部の批判的聖書学者によって二〇世紀の早い時期から主張されていた (Hulse) が、それが主流を形成できないでいた。しかし一九七〇年以降に何人もの研究者が伝統的訳法の誤りを熱心に指摘して功を奏した (Sawyer, Browne 1979; 1996, Hulse, 犀川など)。もちろん、今日のレビ記注解書はツァラアトを祭儀的な視点からの穢れ以上のものでないと了解している (Milgrom 1991, Budd, Balentine)。

4　神の怒りを表す罰としての重い皮膚病とその系譜

レビ記での「重い皮膚病」、すなわちツァラアトは祭儀的に不浄と見なされる皮膚症状に過ぎなかったが、ミリアムのエピソードに見られるように、それが神の「懲らしめ」を表す「罰」と見なす傾向も認められ、ミリアムの事例のほかに三箇所を指摘できる。前八世紀中葉、南ユダ王国で長く統治したウジヤ王（列王記での呼称はアザルヤ王）は、カナン人が祭儀を行ってきた「高き所」と呼ばれる丘の上で人々がヤハウェ祭儀を行うことを放置したので、「主が王を打たれ」た。そのため王はツァラアトを発症し、「離宮に住んだ」（王下一五4―5）と記された。これは明らかに宗教政策の怠慢に対する「罰」であったと考えられている。ウジヤは隔離の身でユダを統治した。申命記史家はツァラアトの発症箇所を記さない。それに対して祭司の立場から後代に執筆された歴代誌は、ツァラアトをウジヤの額に発症させ、主からの罰の理由づけをも変更した。それは彼が神殿内で自ら香を焚くという祭司権の侵害行為を行ったことへの神による処罰であった（代下二六16―21）。古代人は祭儀に関わる侵害を重罪と意識しており、メソポタミア古代の王、ウルク王朝の王シュルギ（前三千年紀の終わり頃に在位）が祭儀を汚したことで重い皮膚病に陥ったという話を長く伝承した（Toorn）。歴代誌の叙述は古代の伝統に根ざすものであろう。

もう一つの処罰例は、エリシャの従者ゲハジが罹ったツァラアトである。ゲハジはエリシャが癒したナアマンを騙してエリシャの求めと称して、銀と上着をもらったために、ツァラアトを発症した（王下五20—27）。

しかしこれらの「罰」は「懲らしめ」である。「制裁」は発動の条件が揃えば実施されて取り消しが効かない刑罰であるが、「懲らしめ」や単なる「罰」は悔い改めがなされるならば、執行が中断されて原状回復がなされうる。申命記二八15—68は特殊なケースで、神に対する誓約破りへの呪いの数々をおそらくアッシリア王への服属誓約書に倣って数え上げ、「制裁」の体裁を取っている。しかし申命記の叙述の意図は神によるイスラエルへの警告である。

古代メソポタミアはイスラエルとは違い、人にも神にも嫌われる象徴的な皮膚病を伝統的に神の「制裁」として捉えていた。神の制裁に実効性を与えるのは、大王の絶対的な権力であった。前十八世紀中葉に成立した『ハンムラビ法典』はその末尾で法文を改竄する者に下るべき神々の制裁を列挙しており、その終わりの部分で、ニンカルクル神が医者にも原因不明で治療のしようのない「悪性の皮膚病」を下すのだと記している（中田）。

ハンムラビ法典が発布されてから数世紀の後、前一四世紀から前七世紀までの間に、メソポタミア文明圏では、各種の契約書の破約者に対して月神シンが重い皮膚病を下して処罰することを当事者が承知するという文言が定式化された（Watanabe）。シンが下す不気味で恐ろしい皮膚病は伝統的に保持されている特別な名称（Saharšubû）で表記された。レビ記一三章でのツァラアトの不気味さと象徴性はメソポタミアにおけるこの病に似ている。なお、ツァラアトの判定における病変部の色に関する関心も、メソポタミアにおける皮膚病の色への関心（Tsukimoto 1999）に共通している。しかしメソポタミアでの定式に入れ込まれた皮膚病は旧約でのツァラアトと同様に不治の病とは考えられてはいない。ハンムラビ法典の改竄者に下される癒す術なき皮膚病とは、考え方が相違している。

ここで再びヘロドトスに言及しよう。彼はペルシアにおいてleprē（lepraのイオニア方言）およびleukē（白鱗病［筆者の造語］）に罹った者は太陽神に対して罪を犯しており、町の外で暮らすのだと記す（Herodotos 一・一三九）。それはミリアムが神の怒りに撃たれて発病し、宿営の外に出されたというエピソードに通ずるものがある。一応、メソポタミアとイスラエルにおけるツァラアトとの扱いの類似から、古代においては尋常でない皮膚病が神の怒りの表現として恐れられており、人々に特別な振る舞いを要求していたものと理解できる。レビ記一三―一四章でのツァラアトは外見的にはこのような伝統に似ているものの、神の怒りの表れであるとか、神に罪を犯したとは考えられていない。祭司にとって、重い皮膚病は、神殿共同体の聖性を危機に陥れる境界侵犯を警戒する人間の側での危惧の対象以上のものではなかった。しかし、申命記的歴史家にとっては、それは神の怒りと処罰を招く犯しがあったことの徴であって、メソポタミアの破約者に対する考え方との親近性を示している。

5　重い皮膚病の原因とハンセン病の起源

ツァラアトがハンセン病でないとするならば、それは現代医学の病理学の観点からはどう見られるのであろうのか。これは興味深い問いであるが、その推論は実にあっけないものである。医学関係者はレビ記一三―一四章に記されたツァラアトの症状をビタミンC欠乏に起因する壊血病（Psoriasis）によるものであると想定し、ヨブの皮膚病については、壊血病に加えてビタミンB欠乏によるペラグラ（Pellagra）症状を認める。壊血病もペラグラも低栄養が常態であった古代人にとっては容易に陥りやすい病であり、栄養不良の場合には簡単に発症したものと考えられる。栄養不足という、この単純な原因による皮膚病が、かつては恐れられ、重い発症者を共同体からの隔離する重大な理由となったというのが実態である（Kinner Wilson）。もっとも隔離規定がどの程度実行されたかは分からない。

ツァラアトとは異なって、細菌による深刻で本格的な病であるElepantiasis（ハンセン病、leprosy）はアレクサンドロス大王のインドへの軍事遠征よる捕虜や奴隷の持ち帰りによって、徐々に地中海地方に広まったという理解が、現代ではもっとも説得力を持っている。

なお、現代の研究者は、七十人訳の訳者がレビ記一三―一四章でのツァラアトを特定の病気を指すとは理解せず、「祭祀的な禁忌に関するなにごとかと理解したうえで、レプラと訳した」との妥当な結論を下している（堀）。イエスは儀礼的に不浄だと見なされていたレプラ患者を清めた。ギリシア語のレプラは「剥ぐ」（lepō）という動詞および「鱗状の」（lepros）という形容詞と関わりがあり、元は皮膚が鱗のように剥離する状態を指した一般的な言葉であった。このレプラをElephantiasis（leprosy）の意味に使ったのは五世紀の教父、アレクサンドリアの総主教を務めたキュリロス（三七六頃―四四四）が最初であると指摘されているが（堀）、すでに古代の医学の確立者として名高いガレノス（一二九頃―二〇〇頃）がElepantiasisのある型のものをレプラと称したことが混乱の始まりであったとの見方もある（犀川）。

五　敬虔かつ現代的感覚に生きた受苦者ヨブ

1　ヨブは神が破約者に降す重い皮膚病に陥る

本稿が「病とどう差し向かったか」という論題を掲げているからには、病苦を忍んだ人間として、ヨブに言及しないわけにはいかない。サタンはこの世に義人は一人もいないと確信して、神からの許しを得て、家畜財産と面倒を見る牧童たちを失わせた。それがヨブに対する第一回の打撃であったが、この災いによって彼が神を呪うことはなかった。そこでサタンはヨブが根を上げるような第二の打撃、すなわちヨブの体を撃つことを神に提案した。神の許しを得たサタンはヨブに最も激しい苦痛を与えるものとして、「足の裏から頭の頂まで、悪性の腫れ物」（ヨブ二7）で彼を痛めつけた。この「悪性の」という形容詞は医学的には「致死性の」症状を意味するので、筆者の『ヨブ記注解』では「ひどい出来物」と訳している。

語り手はどのような皮膚病であったかを正確に伝える必要を感じていない。とにかく彼は、かゆみを伴うひどい炎症がヨブの全身を覆い、それがヨブを苦しめたという事態を読者に伝える。実は、この症状は申命記によれば、イスラエルが掟を破ってヤハウェとの契約に違反したときにヤハウェがこの民に下す呪いの発現であるにほかならない。「主が悪性の腫れ物で膝や足を打つと、あなたは足の裏から頭のてっぺんまで癒されることはない」（申二八35）。

ヨブ記作者は、申命記のこのフレーズをそっくり引用することによって、神が契約を破ったイスラエルに対する処罰の一つである病がそのままヨブに下ったのだと主張している。ヨブの災いは神の呪いにほかならない。そのことをまずヨブが察知する。さらに友人たちも、共同体の人々も、ヨブが神に対して何らかの犯しを行ったのだと憶測する。その意味で、二章7節でのヨブの病の描写は単なる身体的な症状の記述ではない。ヨブ記はヨブの症状を客観的に記さないが、友人たちとの対論部分でヨブ自身が語るところによれば、「私の肉は蛆と塵の塊をまとい　皮は固まっては崩れる」（ヨブ七5）ほどのものである。とすれば、炎症が肉にまで及んでいるはずであり、祭司が不浄なツァラアトであると見なすための症状、腫れ物が「皮膚の下まで及んでいる」（レビ一三20）という条件を満たしている。

2　ヨブに対する妻の進言と応答

このように、ヨブに加えられたサタンの打撃は、ヨブが神の掟を破った咎のゆえに呪われ、処罰を受け、人々の目には不浄に陥ったことを示唆する。サタンはそのような惨めな状態にヨブを落とし込むことを意図した。しかしヨブは、この打撃がサタンの業であることを知る由もない。神がサタンにヨブの信仰の立派さを示すために、彼をサタンの手に委ねたという事情を知らない。その結果、彼は心身ともに悲惨な状況に追い込まれ、「灰の中に座った」(二8)。この惨めな姿は、彼がそれまでに神から受けていた共同体における栄誉を剥ぎ取られたことを象徴的に物語っている。ヨブは「灰の中に座る」という行動に出て、自分の悲惨は神のみ手の働きによるもので、自分の行動が招いたものではないと示そうとしている。しかし人々の目には、ヨブは自分が穢れた者であることを認めて、町の外に出て、灰の中に座ったかのように見えるだろう。

ヨブの妻はこの二度目の災いの悲惨を見かねた。そこでヨブの妻は神を呪って神の怒りを買って死んだ方がいいのでは、と進言した。それは夫への信頼と愛に基づく発言であった。妻は高潔な夫が「神を呪って死になさい」などと言われても、それを受け容れるわけがないと知っている。高潔な夫が神を呪う言葉を口にするはずはない。そこで彼女は言い方を工夫した。

「あなたは依然、自分の高潔さを固持されます。それなら、神を讃えて死になされ」（二9）。

ここでは筆者の訳を掲げた。問題は後半の訳し方で、一般の訳は共同訳「神を呪って死んでしまいなさい」のように、「祝福せよ」、「讃えよ」という原文の動詞命令形（bārēk）を婉曲語法によって「呪え」であると受け止めている。確かに旧約にはこの動詞を「呪う」の意味で用いる事例がある。北王国を繁栄させた王アハブは宮殿の隣りに広がっているナボドが所有する葡萄畑を手に入れようと欲し、ならず者二人に裁判集会においてナボドに向かって、「お前は神と王とを呪った」（王上二一10）と偽証させ、ナボドを死罪とすることに成功したという。そこでヨブ記のこの箇所の動詞も妻がヨブに神を呪えと言ったのだと、一般に理解されている。

しかし考えてみよう。ヨブが「神を呪って死んでしまいなさい」などと妻から言われて、「はい、そうですか」と、それに従うはずはない。加えて、ヨブの息子娘たちがそれぞれの日を定めて開いた宴席で「神を祝福したのではないか」と、彼が恐れて行動したことも想起しなければならない。大部分の人々が飢えている情況で、飛び抜けて富んでいるヨブの息子たちが宴席で飽食し、「神様、結構なことでございます」と神を称える、すなわち「神を祝福する」（ヨブ一5）とすれば、それは弱者たちの叫び声に耳を傾ける神（出二二20―22）に対する罪であろう。それに恐れを懐くのがヨブの信仰感覚である。「ヨブはもしかすると私の息子たちは罪を犯し、心の中で神を讃えたかも知れないと、と思ったからである」（ヨブ一5、並木訳）と記されている。妻のヨブへの語りかけもヨブの信仰感覚を理解した上でなされているだろう。

そうであれば、二章9節は、ヨブの妻は夫の考え方に沿った語法で彼に語りかけているのだと読むのが妥当である。妻は言葉の上ではヨブの高潔に敬意を表して、「神を祝福し抜いて、死んだらどうですか」と語る。しかしヨブが神を祝福しても、神が怒って彼に死を賜るわけがない。神を怒らせようとするなら「呪う」しか手がない。それを知る妻は少しユーモアを込めて「神を祝福しなさい」と反意的に語り、彼が早く死ねる方法を勧めた。ヨブは妻の真意を読み取る。何ともハイレベルな夫婦の対話である。

そこでヨブは妻の言葉を聞くと、彼女の気遣いを知りつつも彼女を軽くたしなめ、その後で「私たちは神から幸いを受けるのだから、災いをも受けようではないか」（二10）と、まことに立派な言葉を口にした。ヨブは死にたくても死が来ないと（三21）と嘆いているが、他方では余命が短いと悟っている（七8、一〇9、20、一六20―22）。死は遠い存在ではなかった。妻の言葉に反応して「災いをも受けようではないか」と口にするとき、ヨブは死をも受け止める決意を語ったであろう。ヨブが語った言葉を直訳すれば、「また、われわれは神から幸を受け取り、災いを受け取らない」である。そこで、訳者たちはこの文を疑問文と解して訳してきた。ここでヨブは自らの心に言い聞かせる語り方をしている。彼の心の内には葛藤が生じたに違いない。

3　生まれた日と創造を呪うヨブ

ヨブのこの複雑な心境は、友人たちが来て七日間の沈黙を経た後に、神に対する抗議が三章において突然に吐露され、読者に衝撃を与える。この箇所はヨブの言葉の意図を読み取らねばならないので、訳出がむずかしい。また呪いの言葉を語るかのような重い響きがあるので、やや古風な文体で訳した筆者の訳文を紹介したい。以下、この章の三分の二ほどを掲げる。

1 そのことがあって後、ヨブは口を開いて、自分の日を呪った。
2 ヨブは応答して言った。

3 滅びよ、私が生まれた日と、
益荒男が孕まれたと告げたその夜は。
4 その日は、暗闇があれ、
高きに在す神がこれを訪ねず、
昼の光がこれを輝かすことなかれ。
5 暗闇と暗黒がこれを取り戻せ、
黒雲がそれを覆い尽くし、

日を苦汁にする者たちの流儀でその日を脅かせ。
6その夜は、闇がこれを捕獲して、
年の日々を楽しまず、
月々の一夜に加えることなかれ。
7まことに、その夜は不妊となり、
歓声が挙がることなかれ。
8呪わせよ、日に呪いをかける者たちに、
レビヤタンを起こすのに巧みな者たちに。
9暗闇になれ、黄昏の星たちも、
光を待ち望んでも叶えられることなく、
曙のまばたきを見ることなかれ。
10まことに、それが私を孕んだ胎の戸を閉ざさず、
わが眼に災難を隠さなかったがゆえ。

11なぜ、私は死んで子宮を離れなかったのか、
胎を出るや否や、息絶えていなかったのか。

16どうして、私は密かに埋められる死産児でなかったのか、
直ちに光を見ることのない赤児でなかったのか。

20なにゆえ、苦しむ者に光が、
魂の苦しみを味わう者に命が与えられるのか。
21彼らが死を待っても、それが与えられないので、
隠されたものの中からそれを掘り探ろうとする。

25まことに、私が恐れていたことが私に臨み、
私が怖じていたものが私を襲った。
26私は憩うことなく、安らかでなく、

鎮まらず、騒動に襲われる。

ヨブは神を呪うことはできない。神が可能にした自分の生がある限り、神の存在を否定することは自己矛盾である。彼は神を否定する代わりに、「益荒男」が生まれた日を呪った。自分の生がなければよいのに、と願う。「益荒男」とは成人したヨブ自身であり、災いに耐えているヨブの自意識を表現する。彼は創造神に反抗するレビヤタンを起こして、誕生の日をなかったことにしたい。彼が生まれ出たことを、結局は世界全体の創造を、取り消そうとする。

この益荒男はひどい苦難を味わっているにもかかわらず、今、自分が受けている苦難の理由が分からない。世界の当否を測る尺度そのものが不明となり、世界が意味を失う。それが問題の核心である。真に恐れるのは苦難そのものではなく、苦難に理由がないという現実である。神が沈黙を保ったままでいることがヨブの苦難であり、彼を震撼させる。慰問に訪れた友人たちが沈黙を守る間、ヨブは神の応答を必死に求めていたであろう。しかし神は沈黙したままであった。ヨブはその後も沈黙を続ける神に抗議するが、神が答えない。そのため、ヨブは神が軍勢を動員して自分に対して攻撃して止まないのだと妄想するまでに追い込まれた。「神は怒って私を引き裂き、私を敵視し　私に向かって歯ぎしりする。私の敵は私に鋭い目を向ける」（一六9）とまで、ヨブは口にする。

4　神への疑いを抑え込んで信仰を告白するヨブ

三章以下のヨブが発する言葉は、端的に言って神に対する抵抗であり、疑いである。その疑いが三章において、彼に突然湧き出しているとは思えない。それは彼が押さえ込んできた思いが堰を切って溢れ出たものであろう。もっと遡れば、第一回の災いが降った時の彼の信仰的服従の姿勢の背後において、すでに心の中での戦いがあり、ヨブはこの心中の戦いを三章以下で顕在化させ、次第に言葉を強めたのだと見るべきであろう。そのように理解すると、ヨブがサタンによる第一回の災いが下って財産も子どもたちも失ったときに、ヨブが神の前にひれ伏し、「主は与え、主は奪う。主の名はほめたたえられますように」（一21）と語って地に伏し、神を拝して称え、「私は裸で母の胎を出た。また裸でそこに帰ろう」（一20）と語った言葉も違って見えてくる。彼は心の深部に芽生えている神への疑いを抑えて、彼が神への信頼を優先させた。彼は神への服従の言葉をその状況の中から発した。そのように理解するとき、この言葉は迫力を増す。

第一回の災いのときも第二回の災いが降ったときも、ヨブは幸いとともに災いをも受け取ろうとした。注目すべきことに、ヨブは神に自分を癒やしてくれとは要求しない。人が癒しをひたすら求めて泣き叫ぶときには、ヨブのような姿勢を取ることはできない。一、二章におけるヨブは、自分に下った理不尽な苦難を神の御心として受け止めようと、精神を集中させた。それは自分が置かれた状況をそのまま素直に受け止めることであった。それは、時代を問わず、キリスト者が逃れられない苦境に置かれたときの、信仰者としての究極の姿勢ではないか。このヨブの姿勢に共感を覚える人は多いに違いない。私の知人たちも人生の最後の時期にはヨブ記を真剣に読んでいたと聞いた。キリスト者には死後の復活のヴィジョンがある。しかし人に死が迫っている時には、まず迫り来る死を受け容れる姿勢を自ら整えなければならない。そのとき、神の御心にすべてを委ねるヨブ的な信仰が意味を持つのではないか。

ハンセン病者であった歌人津田治子（一九一二―一九六三）が詠んだ歌が知られている（住谷）。

現身にヨブの終りの僥はあらずともよししのびてゆかな

「現身」は「うつしみ」、「僥」は「しあわせ」と読む。津田がこの短歌をどのような気持ちで記したのか。歌人の苦悩の深さは本当のところは分からない。しかしこの歌は私には、ヨブのように反抗の気持ちをかろうじて抑えつつ、しかしヨブから励ましを受けつつ、苦難の生を忍びつつ生きようと、自分に言い聞かせているように思える。

5　自己卑下を拒み神に信頼するヨブ

もう一度ヨブ記に戻りたい。神への従順な姿勢をヨブの言葉に認めるだけでは、ヨブ記理解としては不十分である。ヨブは神を相手にしただけではない。彼は当時のユダヤ教の正統主義をも相手にし、批判していた。それを読み取ろう。第一に、ヨブは皮膚がひどくただれていた（七5）。彼はそれにもかかわらず、祭司の要求（レビ一三45―46）に従って、自分が穢れた者であるなどとは決して認めなかった。彼は町の外に出て、「汚れている、汚れている」とは叫ばない。彼は災いが下り、地に伏した時にも、口ひげを覆ってはいない。「口ひげ」は男子のプライドの象徴であり、正しく行動してきたという自負を彼は捨てない。彼は穢れた者を排除するという共同体規制が働いている情況では、集会に出席できなかったが、ヨブは自分が置かれた不条理な状態からの解放を望み、人々が自分に対する偏見を捨てるようにと、集会の外側から叫んだ。しかし集会の人々にはヨブの言葉は通じない。人々の耳には、彼の叫びはジャッカルが吠えるのと同然であった（三〇28―30）。

この状態にお構いなく、ヨブは弁論を長く展開した。遂に神はヨブに語り出て、彼の無知と挑戦を批判したが、その神に対してでさえ、彼は簡単に「恐れ入りました」などと頭を下げない。ヨブの最後の言葉は、自分が被造者であることを考え直すという決意の表明であった（四二6）。彼は神にも人間にも、毅然とした態度を貫いた。その彼が「被造者は不浄であり、神にいつ砕かれても文句は言えないのだ」という友人たちの主張（四17―20、一五14―16、二五4―6）を受け容れるはずはなく、断固退けたのは当然であった。この態度は正統主義的な信仰の姿勢を突き抜け、祭司の判断をも不要とし、重い皮膚病に関する共同体規制をも無化する。彼は灰の中に座った（二8）が、それは悲しみの表現であって、自己卑下のためではなかった。とんでもない病に撃たれたヨブが示した一連の姿勢は、宿命観を拒否する現代人のありかたを先取りしてはいないか。これが注目すべきことの第一である。

第二に、読者はヨブの神への信頼に注目しなければならない。ヨブは神が自分の敵対者に変わってしまったと疑う（三〇18―21）。前言のように、彼は神を自分の攻撃者であるとさえ言ったが、他方では、神に向かって陰府の中に自分を匿ってくれと願っている（一四13）。しかし陰府は人が一度そこに降れば決して戻れないと信じられていたのであるから、彼は不可能な願いを口にしたことになる。それほどまでに、ヨブは神に信頼する。ヨブにおいては神の行動への疑いと、死をさえ超える神への信頼とが両立している。そうでなければ、ヨブが「肉を離れて神を仰ぎ見る」（一九26）という、不可能な期待を口にすることもなかったであろう。実は今日の信仰者も常識的には不可能なことを信じているのではないだろうか。復活への期待はこの世の人々には不可解であろう。

六　医術と信仰の調和を図ったベン・シラ

ヨブ記の新しさは祭司が保持した伝統主義的な浄・不浄感を拒否するとともに、浄・不浄に関する共同体規制から個人を独立させたところにあった。ヨブ記の一世紀半後、前二世紀中頃に書かれたシラ書（「旧約聖書続編」の一書）の著者ベン・シラの寄与は、イスラエル民族の信仰の立場を継承しつつ、その時代のギリシア医学の浸透がもたらす医療革新の動きを積極的に受け止め、医学と信仰の両立に道を開いたところにあった。彼の考え方は現代の信仰者の医療観に通じている。

1　ヘレニズム医学のインパクトとそれに抵抗するイスラエルの正統主義

ヘレニズムの客観的な自然観察の精神は医療に及んだ。病気は神々の不興が引き起こすものではなくなり、自然界に原因を持つと見なした。その理念はそれまでの病気観を覆した。古典期の終わりの偉大な医師であったヒポクラテス（前四六〇頃—三七〇頃）は、新しい姿勢による治療を行い、ヘレニズム時代の医学の発達に大きな影響を与えた。彼は患者の予後を重視して診断し、病状の観察と対処を心がけ、そのために必要な数々の治療方法を編み出した。医療の実践における彼の寄与は大きく、彼はそれまでの医療を「医術」と呼ばれてよいレベルにまで引き上げた。彼自身が医術を「技術」であると自覚し、医術は「患者を苦しみから解放し、病気の激しい勢いを和らげる」（Hyppocrates 2022）とわざと定義した。彼は通常の医師の仕事をこなすだけでなく、外科医、ことに胸部外科医としても知られた。「外科」は彼から始まったと言える。もちろん、ヒポクラテスが観察し、考えたことのすべてが正しかったわけではなかった。彼の体液説は間違っていた。しかし総じて彼の医学への姿勢は評価され、人々への影響は大きく、継承者たちはすみやかに学派を形成した。前三世紀には彼の名を冠したこの学派の医療著作集が出版されている。ちなみにこの学派の著作『流行病』(五・九)では、lepra は全身にかゆみを発して皮膚が厚くなり、鱗状になると記述され、温泉療法による治癒例も紹介されている(Hyppocrates 1994)。

ヨブが友人たちを「あなた方は無用の医者だ」(一三・四)と批判したことは、ヘレニズム期の医術を知った者の言葉に思えるが、ヨブはまだ本格的にはギリシア医学に出会っていなかったであろう。しかしヨブ記以降にはヘレニズム時代のアレクサンドリアにおいてギリシア医学が栄え、その知識がパレスチナにもたらされたであろうことは、容易に推測される。知識人はそれまでの医療観とは全く違う医学の考え方と実効性のある治療に差し向かうことになった。新たな医術は病気と治癒における神の関与を排除する。治療はその人に備わっている自然の治癒力を積極的に引き出そうとする。そのような考え方は病の原因と治癒をすべて神の業であると見なすユダヤ教の正統主義とは衝突せざるを得ない。

歴代誌はその傾向に対する懸念を示している。歴代誌はアサ王をよい君主だったと認めたが、晩年に足を煩ったとき、「その病の中でも、彼は主を求めず、医者を求めた」（代下一六12）と批判した。「ヤハウェ信仰か、医術への信頼か」の問題はイスラエルには潜在的に存在していたはずである。ヘレニズム時代が進むと、知識人にはその問いに対する対応が不可避の課題となった。

2　ベン・シラの画期的で調停的な医療観

ベン・シラはイスラエルの知者として、この時代の医学が突きつけた課題に対し、その医学を受け容れつつイスラエルの伝統をも守る立場からの回答を試みた。彼は新たな医療をヤハウェの「創造の秩序維持への参与」と理解して積極的に評価した。「創造」の観点は民族主義を超えて、人類的な技術の受容を可能にする。シラ書三八章の調停的な医療観は、著者の理解を超えて、人類的な技術の受容に向けてユダヤ教の内向きの姿勢を革新するものであった。当該箇所を引用して検討したい。

しかしその検討に入る前に記しておきたいことがある。ベン・シラの孫はエジプトでベン・シラがヘブライ語で記した書物の写本を読んで有益な書物であると認識し、それをその地のユダヤ人の使用言語であるギリシア語に翻訳した。その後ヘブライ語版は姿を消した。シラ書の近代語訳を作成するために底本として利用できるものは、古くからアポクリファ（旧約聖書続編）として伝えられてきたギリシア語訳となった。そこで現代語訳シラ書はギリシア語訳を重訳している。新共同訳および共同訳も例外ではない。しかし十九世紀末以来、ヘブライ語写本が各地で断片のかたちで発見された。それを全部合わせても全体をカバーできないし、保存状態も必ずしも良好ではなく、推読しなければならないところがかなりある。写本間で字句が相違する。しかしシラ書がヘブライ語で書かれた以上、信頼できるヘブライ語写本が存在するならば、それを解釈の基本とすべきことは言うまでもない。

今日までに発見されている写本群の中でもっとも多くの箇所を含むのは写本Bであり、原文を比較的良く保っていると考えられる。シラ書三八章は幸いこの写本に残っている。そこで以下にギリシア語訳からの重訳である聖書協会共同訳による三八章1―15節を掲げるが、解説においては写本Bを参看して、ベン・シラの考え方を理解し、現行の訳との相違を確認しておきたい。

1医者を、その務めのゆえに敬え。彼も主がお造りになったのだから。
2癒しの業はいと高き方から　褒美は王から賜る。
3医者の学識は彼の身分を高め　偉い人々の前で驚嘆される。
4主は大地から薬をお造りになった。思慮ある人ならこれを毛嫌いしない。
5一本の木のお陰で水が甘くなり
その威力が知られることになったではないか。
6主は自ら人々に学識を授け　その驚くべき業によって賞賛される。
7医者はこの業によって人を治療し　その痛みを取り除く。
8薬屋はこの同じ業によって混ぜ薬を作る。
こうして、主のみ業は決して終わることなく　主からの平安が地の面にある。
9子よ、病気になったら放置せず　主に祈れ。そうすれば主がお前を癒してくださる。

10 過ちを避け、手の業を正せ。　一切の罪から心を清めよ。
11 芳しい香りと記念のための上質の小麦粉を供え
供え物には油を余すことなく注げ。
12 それから、医者に機会を与えよ。　かれも主がお造りになったのだから。
彼を去らせるな。お前には必要なのだから。
13 回復が彼らの手にかかっている時がある。
14 彼らもまた　主が自分たちを用いて病人の苦痛を和らげ
命を救う癒しに成功しますように、と　祈り求めているのだ。
15 自分をお造りになった方の前で罪を犯す者は　医者の手に陥るがよい。

ベン・シラはこのように語ることによって、ヘレニズム期のユダヤ教に突きつけられた「神への信頼か医者への依存か」という二者択一を回避する。

3　医療を創造論的に根拠づける

右に引用した章句における基本認識は、冒頭句が記す通り、「神が医者を創造した」という事実である。そこから出発する限り、医者の受容はその創造者である神の計らいを受容することになる。15節の結論的な一句は1節に呼応して、創造者の前で罪を犯すな、との訓戒を語る。「罪」とは、医者に対する不遜な態度である。「医者の手に陥る」とは、何を意味するか。村岡訳は「医者の手に身をゆだねるがよい」であり、医者に従順になれ、との教育的意味を読み取る。ギリシア語訳は、不遜者は身体の危機に陥り、生死は医者の一存という状態に追い込まれてみなければ、医者のありがたさに目覚めないし、医者を造った神に感謝しないだろう、と警告している。

ここで、15節のギリシア語訳がヘブライ語テクストに対応しているかを検討しておく。ギリシア語訳は、写本B「彼の創造者に対する罪人は医者に対して高慢である」(Beenties, Skehan) を正確に反映してはいない。写本Bは医者への態度を神への態度に相関させることにより、医者の権威に根拠を与えている。

ギリシア語訳の1節はどうか。後半句「彼も主がお造りになったのだから」は写本Bでは「神が彼をその職に付けたのだから」であって、神が医者を創造したと記していない。それに対し、ギリシア語訳は現在に及ぶ創造の恩恵を強調する。それが12節前半に付随する「彼が主をお造りになったのだから」との発言のねらいでもある。写本Bはこの半句を欠いている。これは対句構成を破るので、ギリシア語への翻訳時の追加であろう。写本Bは1節前半句で、神が医者を「その職に付けた」のだと強調していた。医者はその任務を遂行することによって、神の「創造の秩序」の「維持」に対する特別な寄与を行う。

このこととの関連で、4節前半「主は大地から薬をお造りになった」も考え直してよい。写本Bは神が薬を製造するというギリシア語訳の見方とは違い、「主は大地を創造し、薬草を生えさせた」と記す。神が創造時に「地は草木を生えさせよ」（創一11）と命じて以来、大地は神の創造の維持の基盤であって、薬草をも生えさせる。この大地の産物を人が利用して薬とする。

それに対して、ギリシア語訳は今日における神からの医者や薬の贈与を強調する。現在における創造の恩恵を強調する伝統は確かに存在した（詩一〇四10―23を参照）。しかしシラ書のヘブライ語テクストは今日における神の贈与の強調よりも、人間が被造世界の産物を用いて今日に生かす責務を背負っていることに力点を置いている。ベン・シラにとって、医者は創造の秩序維持の重要な責務の担い手である。神が医者をその任務に据えたのであれば、医者への信頼は神への信頼としての意味を持つ。この確信を持つ限り、医者への信頼が神への不信仰を引き起こすことはない。

それでも、病の治療をもっぱら医者の仕事と見なしてしまえば、神は不要になるかも知れない。ベン・シラはその懸念を懐いているようで、9節において、医者が医術を尽くしても、「主が癒す」のだという信仰を明言した。彼はその信念によって個々人の人生に対する神の主導性を保持しようとする。治療がその根本においては神の行為であるならば、医者は自分の仕事を通して癒しを行う「神の助手」を務めることになる。それが医者の存在意味である。医者は治療の責務に忠実である限り、神に仕える人として、人々によって尊重されなければならない。これがベン・シラの主張である。ベン・シラによる「主が癒す」との発言が、当時の医学と信仰との対立を単に調停するだけの意図で語られているようには思えない。生死に関わる根本的な次元においては、「主が癒す」という信念の保持はベン・シラだけの関心事ではなく、今日の医師と一般信徒にとっての重要事であろう。

4　ユダヤ教における医学の振興を促したベン・シラ

医療に対するベン・シラの積極的姿勢はその後のラビ・ユダヤ教に受け継がれた。医術は、ディアスポラ（離散の民）として各地の都市住民であったユダヤ人が生計を立てる有力な手段となった。旧約聖書は人間の治療行為に対して否定的な姿勢を示したが、ユダヤ教の指導者（ラビ）たちはシラ書三八章に根拠を得て、生活手段としての医術を振興させた。ユダヤ人は五〜六世紀に編集されたタルムードを学習することになるが、そのカリキュラムには医学が含まれていた。旧約聖書の叙述を決定している正統主義は人間による治療を認めないので、治療費を語らない。エリシャはナアマンからの贈り物を辞退した（王下五16）。しかし、世界各地で活動したユダヤ人医師たちは必ず適切な額の治療費を受け取った。治療費を受け取れない医師は技術不足と見なされた。

医学教育の伝統は永続し、古代から近代医学の出現に至るまでの長い期間、ユダヤ教は名医をヨーロッパとアラブ世界に送り出した。医療は民族や宗教の違いを超える普遍性を持つ。すでに一、二世紀にはユダヤ人医師たちがギリシア・ローマの世界で名を馳せた。多くのラビが律法教師であると同時に医者であった。中世の偉大なラビ、マイモニデス（一一三五―一二〇四）がその代表であろう。彼はラビとしてユダヤ教を指導しつつ、生活のために医者となり、エジプトの宮廷医として名声を得た。このような伝統の維持は近・現代に及び、一九六〇年代の終わりまでのノーベル医学賞のユダヤ系受賞者は二割を超えたといわれている（Muntner）。

5　悪霊と闘うイエスの精神とベン・シラの洞見を生かす

ベン・シラの時代には、「悪霊」もしくは「悪魔」が特定の病を引き起こすという民間信仰的な病気理解が浸透していた。旧約聖書続編のトビト記が病を悪魔のわざと見ている（トビ六16―18）。イエスの時代もそうであった。イエスはさまざまな病の背後に悪霊の跳梁を感じ取り、悪霊を追い出して、人々を悪霊による身体的、社会的束縛から解放した

（マコ一32―34、三7―30、他）。

悪霊への挑戦にはそれなりのリアリティがある。今日のわれわれは悪霊を信じないが、重い精神病者の苦しみを目の前にすれば、それを悪霊の仕業だと考えたくなる。そのようなリアリティの保持と、病の病理学的理解とは別次元の問題であるが、社会の病理にも、国家の専制的権力者による破壊衝動にも、それに従う民衆にも、悪霊の跳梁を感ずるのは自然であろう。キリスト教徒はことに心を病む人々へのケアの現場においては、イエスが全人格を傾けて悪霊との戦いに勝利したことに励まされてきたのではないか。イエスは神の憐れみの代行者であった。イエスの愛の実践は今後もキリスト者が医療に向かう動機であり続けるであろう。

医療の動機とは別に医療の具体的な意義と目的がある。すでに考察したように、ベン・シラは医師の活動の意義と目的を創造の秩序の維持に見出した。今日、創造の秩序の維持がむずかしくなっている。人口の増加、産業社会化、環境汚染、貧困階層の大量発生、管理社会における緊張の増大など、その要因を挙げれば切りがない。今日の地球環境の変化の中で新たなパンデミックも飢餓も発生し、肉体と精神の不健康に追い込まれる者たちが増大している。他方では過剰医療が発生する。これらの現実に立ち向かう根拠と目的は創造の秩序を新しいかたちで維持することであろう。現代の医療は新たな創造の秩序を維持する任務を担っている。医療を神の創造の秩序維持の仕事であると理解したベン・シラの医療観は今日も大きな意味を持っている。

文献一覧（本文中に言及した文献および一部の参照頁）

Balentine　バレンタイン、S・E『レビ記』現代聖書注解、日本キリスト教団出版局、二〇一〇年［原著二〇〇二年］。

Beentjes　Beentjes, P. C., *The Book of Ben Sira in Hebrew*, SVT 68, Leiden, 1997, cf. p. 67.

Browne 1979　Browne, Stanley G., *Leprosy in the Bible*, London, 1979.（訳書、ブラウン、S・G『聖書の中の「らい」』石館守三訳、キリスト新聞社、一九八一年）。

Browne 1996　Browne, Stanley G., "Leprosy in the Bible," Palmer, B. (ed.), *Medicine and the Bible Published for the Christian Medical Fellowship*, Exeter, 1996, pp. 101–125, 259–260.

Budd　バッド、P・J『レビ記 ニューセンチュリー聖書注解』日本キリスト教団出版局、二〇〇九年［原著一九九六年］。

Douglas　Douglas, M., "Atonement in Leviticus," *JSQ* 1 (1993/94), pp. 109–130, cf. p. 121.

Frevel　フレーフェル、C「病気／治癒」ベルレユング／フレーフェル編『旧約新約聖書神学事典』山吉智久訳、教文館、二〇一六年、五二二―五二七頁。

Haas　Haas, N., "Anthropological Observations on the Skeletal Remains from Giv'at ha-Mivtar," *IEJ* 20 (1970), pp. 38–59, cf. p. 41.

Herodotos　『ヘロドトス』（『歴史』世界文学全集10）、松平千秋訳、筑摩書房、一九六七年。

Homeros Od.　『ホメーロス』（筑摩世界文学大系2）「オデュッセイア」高津春繁訳、一九七一年［Od. と略記］。

堀　堀忠『レプラと奇跡　脱神話化と脱医学化に向けて』新教出版社、二〇二二年、三四頁、一八七頁参照。

Hulse　Hulse, E. V., "The Nature of Biblical 'Leprosy' and the Use of Alternative Medical Terms in Modern Translation of the Bible," *PEQ* 107 (1975), pp. 87–105.

Hyppocrates 1994　*Hyppocrates VII*, The Loeb Classical Library, London, 1994, cf. pp. 24–25.

Hyppocrates 2022　『ヒポクラテス医学論集』國方栄二編訳、岩波文庫、二〇二二年、一二六頁。

Kayser　カイザー、O／ローゼ、E『死と生』吉田泰／鵜殿博喜訳、ヨルダン社、一九八〇年、九五頁参照。

岩波版『旧約聖書Ⅳ 諸書』岩波書店、二〇〇五年。

Kinner Wilson　Kinner Wilson, J. V., "Medicine in the Land and Times of the Old Testament," in: Ishida, T. (ed.), *Studies in the Period of David and Solomon and Other Studies*, Tokyo, 1982, pp. 337–365, cf. p. 357.

Milgrom 1991　Milgrom, J., *Leviticus 1–16* (Anchor Bible), New York, 1991, cf. p. 907.

Milgrom 2000　Milgrom, J., *Leviticus 17–22*, (Anchor Bible), New York, 2000, cf. p. 1845.

村岡　村岡崇光訳注「ベン・シラの知恵」『聖書外典偽典』教文館、一九七九年、八五―二〇七頁、三六一―五一〇頁。

Muntner　Suesmann Muntner, "Medicine," *Encyclopedia Judaica*, Second Edition, Volume 13, 2007, pp. 720–729, cf. p. 721, p. 720.

中田　中田一郎訳注『ハンムラビ「法典」』（古代オリエント資料集成1）リトン、一九九九年、七七頁参照。

並木　並木浩一『ヨブ記注解』日本キリスト教団出版局、二〇二一年、三一二―三一三頁参照。

大野　大野惠正『旧約聖書入門4　現代に語りかける歴史書』新教出版社、二〇二二年、二七三頁参照。

Nunn　Nunn, J. F., *Ancient Egyptian Medicine*, Oklahoma, 1996, cf. p. 27.

Oppenheim　Oppenheim, A. Leo, *Ancient Mesopotamia*, Chicago, 1964, pp. 288–305, pp. 376–377, cf. p. 296.

犀川　犀川一夫『聖書のらい　その考古学的・医学・神学的解明』新教出版社、一九九四年、一〇七頁。

小友　小友聡『コヘレト書』（ＶＴＪ旧約聖書注解）、日本キリスト教団出版局、二〇二〇年、九九頁。

Sawyer　Sawyer, John F. A., “A Note on the Etymology of ṢĀRAʿAT,” *VT* 26 (1976), pp. 241–245.

Skehan　Skehan, Patrick, W. & Di Lella, Alexander A., *The Wisdom of Ben Sira* (Anchor Bible 39), New Haven, 1986, cf. p. 439.

住谷　住谷眞「津田治子巡礼の祈り」『婦人之友』二〇二二年、一〇月号、七六頁参照。

Toorn　Toorn, K. van der, *Sin and Sanction in Israel and Mesopotamia, A Comparative Study*, Assen, 1985, cf. p. 56.

Tsukimoto 1999　Tsukimoto, Akio, “By the Hand of Madi-Dagan, the Scribe and *Apkallu*-Priest— A Medical Text from the Middle Euphrates Region,” Watanabe, K. (ed.), *Priests and Officials in the Ancient Near East*, Heidelberg, 1999, pp. 187–200, cf. p.

190.

月本 二〇〇六　月本昭男『詩篇の思想と信仰』II、新教出版社、二〇〇六年。

月本 二〇一三　月本昭男『詩篇の思想と信仰』IV、新教出版社、二〇一三年。

月本 二〇二〇　月本昭男「古代西アジア文献資料に見る疫病」『キリスト教書総目録２０２１』キリスト教書総目録刊行会、二〇二〇年、iii―v、v頁参照。

月本 二〇二二　月本昭男『バビロニア創世叙事詩　エヌマ・エリシュ』ぷねうま舎、二〇二二年、一二七頁、一一三頁注(4)。

Watanabe　Watanabe, K., "Die literarische Überlieferung eines babylonisch-assyrischen Fluchthemas mit Anrufung des Mondgottes Sîn," *Acta Sumerologica* 6 (1984), pp. 99–119.

イエスの癒し
――病、穢れ、悪霊憑きについての新約時代の見方とイエスによる癒しの救済的意味

本多峰子

一　序

本稿では、病や障がいを負った人たちがイエス時代にどのように見られていたか、イエスがそのような人たちにどのように接したか、どのような救いをもたらしたかを、新約聖書のいくつかの事例で見てゆきたい。

イエスの時代、病は主として、㈠個人の罪や徳とは無関係に自然界の物理的原因で生じ

る疾患と、㈡罪の罰、㈢穢れ、㈣悪霊によるもの、の四つの見方で見られていた。それらの例は一世紀から最初の数世紀のラビ・ユダヤ教のラビたちの問答を記録した現存のタルムードに見出せる。

自然の原因で起こる疾患に関してタルムードに記された見方は、現在見れば迷信や民間療法的なものが多く、たとえば、粉引き場で宿した子は癲癇になり、地面に寝て宿した子は長い首の子になり、からしを食べる人の子は癇癪もちになる（ケトゥボット60ｂ）などである。治療法も、熱には大根が利くとか（アヴォダー・ザラー28ｂ）、三日熱の治療法として、七本のやしからとった七つのとげ、七つの針からとった七つのかけら、七つの橋から取った七つの釘その他の指定されたものをうなじに結び付けるといった（シャバット67ａ）ことが書かれている。このように、すべての病が必ずしも罪や悪霊と結びつけて考えられていたわけではないのであるが、新約聖書で特に問題となるのが、罪の罰や穢れ、悪霊憑きによると見られた疾患である。そこで、以下にそれらを順に考察する。

二　罪の罰としての病

背景

申命記史家の歴史記述においては、モーセ律法に従う善の道を選ぶか、それに背く悪の道を選ぶかが人間の側の意志と選択の問題とされ、神はそれにふさわしい報いを与えるとされた。具体的には、神からの預言の言葉として申命記に次のように記されている。

> 一一26見よ、私は今日、あなたがたの前に祝福と呪いを置く。27もし、今日私が命
> じる、あなたがたの神、主の戒めに聞き従うならば祝福を、28もし、あなたがたの
> 神、主の戒めに聞き従わず、私が今日あなたがたに命じる道を外れ、あなたがたが知
> らなかった他の神々に従うならば、呪いを置く。

このことから、人間に降りかかる災いや不幸はその人（々）が意識して、あるいは無意

識に犯した律法違反に対する罰であると理解されるようになった（ヨブ記で、友人たちはヨブの病気をそう理解したが、これはこの見方の表れである）。病や障碍も罪に対する罰と見られた。盲目や精神錯乱はことに神の罰と結び付けられている（申命二八28）。

神ヤハウェは、「殺し、また生かす」神、「傷つけ、また癒す」神であると啓示され（申命三二39）、神に立ち帰る者に癒しを与えると考えられている（エレミヤ三22やイザヤ五八6―8）。また、信仰の深い者の病は奇跡的に治癒されることもある。その代表的な例は、預言者イザヤを通じてヒゼキヤ王が死の宣告を受けたときの事である。ヒゼキヤは、自分がひたむきに敬虔な人生を送ってきたことを思い出してほしいと神に訴え、神は彼の祈りに応えて彼を癒した（列王下二〇1―11）。

病と罪を結びつけて見る見方は、新約時代以降まで続き、三世紀のラビ・アンミの言葉として、「罪がなければ死はなく、咎がなければ苦しみもない」（シャバット55ａ）という言葉が残っている。ラビ・アンミと同じく第三世代のラビに属するラビたちの言葉として、病人は、「その咎がすべて赦されるまでは癒されない。すべての咎を赦す方がすべての病を癒すと言われているからだ」とも言われている（ネダリーム41ａ）。こうした見方は、正義の神が癒し手なる主でもあると見る旧約以来の見方が、申命記学派の応報思想と結びついて出てきたと考えられる。人間の幸不幸は当人の義と罪とに応じて左右されると考えるこの見方によっては、病もまた、その人が意識して、あるいは無意識に犯した律法違反に対する罰と見なされるのは自然な展開であり、それが新約時代、ラビ・ユダヤ教の時代には、旧約時代にもまして一般的な見方となっていたのである。

イエスの癒し

イエスの行った癒しもまた、それが「罪の赦し」であり、赦しが治癒をもたらした、と見られることがあった。もしその見方が正しければ、イエスも病が罪の罰であり赦しが必要だと考えていたことになる。『ギリシア語新約聖書釈義事典』の「赦す ἀφίημι)」(アフィエーミ)の項(H. Leroy 執筆)には、特にマルコによる福音書の、「あなたの罪は赦される」とのイエスの言葉を含む箇所に言及して、「マコ二1—12の根底にある伝承は既に、イエスが持つ癒しの権能を、その赦しの権能を証明するための材料として利用している。イエスは、自分が地上で罪を赦す権能を付与された人の子であることを、癒しの奇跡によって示す（二10）」とある。この記述は、イエス自身が自分の行う治癒奇跡を、罪の赦しの行為であると考えていたと言っているわけではなく、癒しの権能を持つことが罪を赦す権能も付与されていることの証明になると言っているだけである。しかし、新約釈義の事典としてかなり権威を認められたこの書でのこの書き方は、イエスの癒しと罪の赦しの発言が密接な関係で見られてきた傾向の一つの表れである。

その他の文脈でも、たとえば、T・ヘントリッヒは、病気に対処する際に清浄規定を重視する伝統的なイスラエル社会の中でのイエスの新しさは、「イエスの行う罪の赦しが中心的な『癒しの手段』になった」ことだと述べている（T. Hentrich, "The Purity Laws as a Source for Conflict in the Old and New Testament," p. 20）。ここで、イエスが行う罪の赦しが癒しの手段になった、ということは論証なしで述べられている。つまりヘントリッヒはこれを、合意のできた読者の了解事項と考えているのである。

しかし実際は、福音書中でイエスの行った癒しの奇跡がイエスの言葉によって罪の赦しと結び付けられているのは、マルコによる福音書二章1―12節の体が麻痺した人の癒しの伝承（及びその並行箇所、マタイ九2―8、ルカ五18―25）とヨハネによる福音書五章1

―16節のベトザタの池のほとりでの麻痺患者の癒しの伝承においてのみである。マルコ福音書の当該箇所の訳は以下のようである。

二1 数日の後、イエスが再びカファルナウムに来られると、家におられることが知
れ渡った。2 大勢の人が集まったので、戸口の辺りまで全く隙間もないほどになっ
た。イエスが御言葉を語っておられると、3 四人の男が体の麻痺した人を担いで、
イエスのところへ運んで来た。4 しかし、大勢の人がいて、御もとに連れて行くこ
とができなかったので、イエスがおられる辺りの屋根を剥がして穴を開け、病人が寝
ている床をつり降ろした。5 イエスは彼らの信仰を見て、その病人に、「子よ、あな
たの罪は赦された」と言われた。6 ところが、そこに律法学者が数人座っていて、
心の中で考えた。7 「この人は、なぜあんなことを言うのか。神を冒瀆している。罪
を赦すことができるのは、神おひとりだ。」
8 イエスは、彼らが考えていることを、ご自分の霊ですぐに見抜いて、言われた。
「なぜ、そんな考えを心に抱くのか。9 この人に『あなたの罪は赦された』と言うの

と、『起きて、床を担いで歩け』と言うのと、どちらが易しいか。10 人の子が地上
で罪を赦す権威を持っていることを知らせよう。」そして、体の麻痺した人に言われ
た。11「あなたに言う。起きて床を担ぎ、家に帰りなさい。」12 すると、その人は起
きて、すぐに床を担いで、皆の見ている前を出て行った。人々は皆驚嘆し、「このよ
うなことは、今まで見たことがない」と言って、神を崇めた。

一見イエスはここで、罪の赦しによって癒しを行っているように見える。T・W・マンソンはマルコ福音書のここでの癒しが赦しの宣言によってなされたとしており（T. W. Manson, *Jesus the Messiah*, p. 42）、その他、P・パーキンス、E・シュヴァイツァー、富田栄などの研究者も、この癒しが罪の赦しのしるしであると解釈している（P. Perkins "The Gospel of Mark," p. 550、E. Schweizer, *The Good News According to Mark*, p. 61、富田栄『マルコ福音書註解1』一三九頁）。さらに、研究者たちが、マルコ福音書二章1—12節以外の箇所の注釈や講解においてマルコ福音書二章のこの治癒奇跡を、赦しによる治癒の例として挙げる傾向もある。たとえば、J・R・マイケルズは、ヨハネによ

る福音書五章14節の麻痺患者の治癒奇跡を論じる際に、マルコ福音書二章5―11節を参照して、「癒しと罪の赦しは実際上同一である」と書いている（J. R. Michaels, *John*, p. 86)。このことは、マルコ福音書のこの箇所が、特に注意して読まない限り罪の赦しによる癒しと読まれやすいことを示す。しかし、実際は微妙に異なる。ここからできる解釈は、病を癒すことができるのは神だけである、というユダヤ教の信仰に依拠して、イエスは、自分が癒しの神的権威を神に付与されており、同じ権威において赦しを宣言している、ということである。しかも、マルコ福音書のこの記事では、「あなたの罪は赦される」との宣言から、「人の子が地上で罪を赦す権威を持っていることを知らせよう」前後までが、マルコが編集によって中風の人の癒しの奇跡物語に挿入したものであると考えられる。なぜならば原文では「イエスは中風の人に言った」（λέγει τῷ παραλυτικῷ（レゲイ　トーイ　パラルティコー））が5節と10節で繰り返され、その間に挟まっていきなり「その律法学者たち」（初出ではつかないはずの定冠詞付きで！）が登場し、権威論争が書かれているからである。論争によって中断されているもともとの治癒奇跡伝承（5節の「イエスは中風の人に言った」までと10節の「イエスは中風の人に言った」以降の伝承）

では、イエスは罪の赦しと病の癒しを結びつけていない。イエスが病を罪の罰と考えて罪の赦しによって癒しをもたらしたとは読み取れないのである。しかも、マルコの編集を経た現存のテキストにおいてさえ、ここで中風の人が立ち上れたのは、「起き上がり、床を担いで家に帰りなさい」との言葉によってであり、赦しの宣言によってではない。

ヨハネによる福音書で、癒しと罪が結びついて見える問題の個所は以下のようになっている。

> 五1その後、ユダヤ人の祭りがあったので、イエスはエルサレムに上られた。2エル
> サレムには羊の門のそばに、ヘブライ語で「ベトザタ」と呼ばれる池があり、そこに
> は五つの回廊があった。3その回廊には、病気の人、目の見えない人、足の不自由
> な人、体の麻痺した人などが、大勢横たわっていた。[…]5さて、そこに三十八年
> も病気で苦しんでいる人がいた。6イエスは、その人が横たわっているのを見、ま
> た、もう長い間病気であるのを知って、「良くなりたいか」と言われた。[…]8イ

エスは言われた。「起きて、床を担いで歩きなさい。」9 すると、その人はすぐに良
くなって、床を担いで歩きだした。その日は安息日であった。10 そこで、ユダヤ人
たちは病気を癒やしていただいた人に言った。「今日は安息日だ。床を担ぐことは許
されていない。」11 しかし、その人は、「私を治してくださった方が、『床を担いで歩
きなさい』と言われたのです」と答えた。12 彼らは、「お前に『床を担いで歩きなさ
い』と言ったのは誰だ」と尋ねた。13 しかし、病気を治していただいた人は、それ
が誰であるか知らなかった。群衆がその場にいたので、イエスはそっと立ち去られた
からである。14 その後、イエスは、神殿の境内でこの人に出会って言われた。「あな
たは良くなったのだ。もう罪を犯してはいけない。さもないと、もっと悪いことが起
こるかもしれない。」15 この人は立ち去って、自分を治したのはイエスだと、ユダヤ
人たちに知らせた。16 そのため、ユダヤ人たちはイエスを迫害し始めた。イエスが
安息日にこのようなことをしておられたからである。

ここではイエスがこの人に言った、「あなたは良くなったのだ。もう罪を犯してはい

けない。さもないと、もっと悪いことが起こるかもしれない。」（五14）との警告が、しばしば、病の原因となった罪を示唆するものと受け取られる（たとえば、C. H. C. MacGregor, *The Gospel of John*, pp. 170–171、M, Dods, *The Gospel of St. John*, p. 186、C. S. Keener, *The Gospel of John*, p. 643、R. C. H. Lenski, *The Interpretation of St. John's Gospel*, p. 371など）。しかし、R・ブルトマンやビーァズリー - マリーらは、ヨハネによる福音書においてイエスが罪の応報として病を語っていると解釈するのは、九章でイエスと弟子たちが一人の生まれつき目の見えない人と出会った時のイエスの態度と矛盾すると指摘している（R. Bultmann, *The Gospel of John*, p. 243、Beasley-Murray, *John*, p. 74）。言及されている九章の個所は以下のように書かれている。

九1 さて、イエスは通りすがりに、生まれつき目の見えない人を見かけられた。2
弟子たちがイエスに尋ねた。「先生、この人が生まれつき目が見えないのは、誰が罪
を犯したからですか。本人ですか。それとも両親ですか。」3 イエスはお答えになっ
た。「本人が罪を犯したからでも、両親が罪を犯したからでもない。しかし［この人

が目が見えなく生まれてきた〕結果、神の業がこの人に現れるであろう〔聖書協会共同訳では「両親が罪を犯したからでもない。神の業がこの人に現れるためである」と訳されているが、神が自らの業を現すことを目的として障碍を負わせるということは不自然であり、しかも、ここで「ためである」と訳されている接続詞 ἵνα〔ヒナ〕は、直前の九2では、結果の意味で用いられているので、ここでも結果としてとることがふさわしい。〕」。

ここで弟子たちは、病は何らかの罪の罰であるとの見方を公理的に受け入れ、この人の生まれつきの盲目が「誰かの罪のせいか」ではなく、「誰の罪のせいか」と質問している。イエスはこの問いに前提されている見方自体を否定し、「本人が罪を犯したからでも、両親が罪を犯したからでもない。しかし［この人が目が見えなく生まれてきた］結果、神の業がこの人に現れるであろう」（九3）と答えているのである。イエスは、この人を連れてきた人々の信仰（あるいは信頼）に答えて治癒奇跡を行った。生まれつき目が見えないということで罪人と見られていた、その蔑視が誤った偏見であったことを示し、神が彼のことを、健常者に対するよりも特別の業を持って心に留めてくれたということを見せたのだった。その治癒は「神の業」、イエスを「遣わした方」の業だからである。そして、重要なこととして、その治癒は、この男が家に帰り、共同体の一員としての健康な生活を取り戻すことで完結したのである。さらにヨハネ福音書九章の目が不自由だった人の文脈においては13―41節のファリサイ派との論争によって、目の見えない者が真理を見分ける者となり、目の見える者（ファリサイ派）には真理が見えないという、ファリサイ派批判の論拠としての意味づけもなされている。社会から蔑視されていたこの人が、ファリサイ派以上に真理を理解できる人にされたのである。この事例に照らしてみれば、ベトザタの池のほとりにいた男の人のことも、病を罪の罰と決めつけるような発言をイエスがしたと考える根拠はない。

また、ブルトマンも気づいているように、ベトザタの池のほとりで癒した人へのイエスの警告は以下でこの人がイエスのことを当局に告げに行く場面に道を開く役割を果たしているにすぎない（Bultmann, *The Gospel of John*, p. 243）。癒しと警告の言葉の間に、イエスは一度この男と別れ、群衆の中に姿を消しており、そこで、癒しの奇跡の物語は一度完結している。イエスが男に警告する必要を感じていたとしたら、なぜ、癒しを行なった場で警告しなかったのか？　「その後、イエスは、神殿でこの人を見つけて言った」（五14）というのは、とってつけたようで不自然である。しかも、この男は、あたかもこの警告を聞かなかったかのように当局にイエスのことを告げに行くのであるが、このことは、イエスの警告が実際にはなかったものを、福音書記者かあるいはこの記者以前の伝承の伝え手がここに入れたのではないかと考えさせる理由となる。そうであれば、その挿入の目的は、男がイエスを裏切る行為をすることをイエスが知っていたという彼の予知能力を印象付け、また、福音書を読むキリスト教徒読者に、一度イエスに救われてから裏切ることは、一度も救われなかったよりも悪い結果を生じるのだと、警告するためであろう。

これらのことから、聖書にはイエスが罪の赦しとして癒しをした例はないと結論できる。ラビ・ユダヤ教では、病人は、「その咎がすべて赦されるまでは癒されない。すべての咎を赦す方がすべての病を癒すと言われているからだ」（ネダリーム41ａ）という考え方が発展して行くが、イエスは罪と癒しを結び付けてはいない。実際、むしろはっきりと病が罪の罰であるという見方を否定しているのである。

福音書には、目の見えない人の治癒は他にも三例記されているが（マタ九27―31、マコ八22―26、一〇46―52及び並行）、そのうちマタイ福音書九章27―31節での盲人たちと、マルコ福音書一〇章46―52節での盲人バルティマイは、イエスに憐れみを求め、憐れみのわざとして癒しを得ている。

一〇46 一行はエリコに来た。イエスが弟子たちや大勢の群衆と一緒に、エリコを出ら
れると、ティマイの子で、バルティマイという盲人が道端に座って物乞いをしてい
た。47 ナザレのイエスだと聞くと、「ダビデの子イエスよ、私を憐れんでください」
と叫び始めた。48 多くの人々が叱りつけて黙らせようとしたが、彼はますます、「ダ
ビデの子よ、私を憐れんでください」と叫び続けた。49 イエスは立ち止まって、「あ
の人を呼んで来なさい」と言われた。人々は盲人を呼んで言った。「安心しなさい。
立ちなさい。お呼びだ。」50 盲人は上着を脱ぎ捨て、躍り上がってイエスのところ
に来た。51 イエスは、「何をしてほしいのか」と言われた。盲人は、「先生、また見
えるようになることです」と言った。52 イエスは言われた。「行きなさい。あなたの

信仰があなたを救った。」盲人はすぐ見えるようになり、なお道を進まれるイエスに従った。（マルコ一〇46―52）

このバルティマイもそうだが、マルコ福音書八章22―26節で報告されている盲人は、癒しとともに、家に帰る指示（マルコ八26）、あるいは「行きなさい」（ὕπαγε〔ヒュパゲ〕）（マルコ一〇52）との言葉を受ける。上記で見た体が麻痺した男の人の場合もそうだが、癒しは共同体の一員としての、人間としての生活の中に戻るときに完結するのである。

三　穢れ

背景

祭司資料に属するレビ記などでは、病は罪としてよりは、むしろ穢れとして扱われる。重い皮膚病についての「穢れ」の判定と「清め」の規定（一三―一四章）はそのもっとも明らかな例である。患者は完治すれば、清めの儀式をして「清い」状態になるとされていた。ただし、穢れはそれ自体、その保持者を共同体から断つ、あるいは、隔離させる深刻な負の要素と見なされていた。出血や漏出も穢れとして、その症状の間他の人に接触すると穢れを移すとされた。

レビ一三45 重い皮膚病にかかっている患者は、衣服を裂き、髪をほどき、口ひげを覆
い、「わたしは汚れた者です。汚れた者です」と呼ばわらねばならない。46 この症状
があるかぎり、その人は汚れている。その人は独りで宿営の外に住まねばならない。
[…]
一五3 漏出による汚れは以下のとおりである。尿道から膿が出ている場合と尿道にた
まっている場合。以上が汚れである。4 漏出のある人の寝床や腰掛けはことごとく
汚れている。[…] 7 漏出のある人に直接触れた人は衣服を水洗いし、身を洗う。
その人は夕方まで汚れている。8 漏出のある人が清い人に唾をかけたならば、かけ
られた人は衣服を水洗いし、身を洗う。その人は夕方まで汚れている。[…] 16 も

し人に、精の漏出があったならば、全身を水に浸して洗う。その人は夕方まで汚れ
ている。17 その精が付着した衣服や革は水洗いする。それは夕方まで汚れている。18
精の漏出は男と寝た女にも当てはまる。二人とも身を洗う。二人は夕方まで汚れてい
る。[…]20 生理期間中の女性が使った寝床や腰掛けはすべて汚れる。[…]25 も
し、生理期間中でないときに、何日も出血があるか、あるいはその期間を過ぎても出
血がやまないならば、その期間中は汚れており、生理期間中と同じように汚れる。26
この期間中に彼女が使った寝床は、生理期間中使用した寝床と同様に汚れる。また、
彼女が使った腰掛けも月経による汚れと同様汚れる。また、これらの物に触れた人は
すべて汚れる。

重い皮膚病を持つ人がその病が治り、清めの儀式を済ませることができない限り、「わたしは汚れた者です。汚れた者です」と呼ばわらなければならなかったのは、穢れが感染力を持つために、自分の存在が遠くからでも知られるように叫びながら歩き、健常者が間違えて近づいて触れるのを防がねばならないとの趣旨である。重い皮膚病を伝染させない

配慮は、人間以外のものにも当てはまり、「かびの生じた衣服、羊毛か亜麻布の織物あるいは編み物、革細工の物は焼かなければならない。それは悪性の規定の病であるから、火で焼かなければならない。」（レビ一三52）と指示されている。それゆえ、この規定は罪の範疇とは無関係の穢れとしての扱いであることは明らかである。

穢れと結び付けられる病気の代表的なものは重い皮膚病（レプラ）である。レプラは、タルムードの中では「罪」と結び付けられていない。バビロニア・タルムードの英訳での用例を見た限り、leprous あるいは lepra の用例は一六三回あるが、それが sin（罪）と結び付けられている用例はない。むしろレビ記にあるように「穢れた」状態と見なされている（メナホート37b）。

手足や目に障碍のある者、できものが出来ている者、背中にこぶがある者なども、聖所を汚すとして、祭司にはなれなかった（レビ二一18―23）。同様に、体に欠陥のある動物は、神に捧げる燔祭には出来なかった（レビ二二22）。このように、病や障碍のあるものを祭儀はもとより、共同体全体から遠ざける方向性は、「聖と穢れ」の範疇において、明らかに存在した。

また、イエスと同時代、地理的にもイエスに近い死海のほとりに居住していたクムラン教団では、教団の「宗規要覧」（前一〇〇―五〇年頃に書かれたとされる）（三1―12）にはこの教団が穢れへの嫌悪と清めへの非常なこだわりを持っていたことも示されている。「周期要覧」の付録である「会衆規定」には、足や目に傷のあるもの、手や足のなえた者、口のきけない者、耳の聞こえない者、年とって弱った者はすべて、会衆の中に出てきてはならないと規定されている（二3―8）。盲目の人は穢れに打たれた者として、宗教儀礼に参加できないことが規定されている（二6）。この「会衆規定」の箇所はむしろ穢れに関連してのものであるが、「宗規要覧」では、「不義」と「穢れ」は結びつけられており、たとえば、「み言葉を侮る者」の業は神の前に不純で、彼らの持ち物には穢れがある（五19―20）とされている（その他五13、八13―19も参照）。穢れと病と罪とを、同じく救われない人間のカテゴリーに結び付けて見る方向性がイエスの近くに位置するこのクムラン共同体にあったことは、イエスも知っていたと思われる。

イエスの癒し（清め）

福音書にはイエスがしばしば病人に触れることによって治癒を行ったことが記されている。しかもイエスは、穢れとされている病人の場合にも、接触による治癒行為を行っている。旧約聖書の律法に従えば、重い皮膚病や出血を伴う病を患った病人に対する対処の仕方は、彼らを忌避することだった。しかし、イエスはむしろ積極的に、穢れたとされる患者に「手を差し伸べて」（マルコ一41）触れ、彼らを「清く」したと書かれている（マルコ一42）。

さらに重要な点として、福音書に記された祭儀的不浄とされる病、すなわち重い皮膚病の治癒二例（マルコ一40―45、ルカ一七11―19）と長血の女の人の治癒奇跡（マルコ五21―42）のすべての場合に、イエスは癒した人々に、共同体の生活に戻るための指示を与えている。マルコ福音書一章40―45節の重い皮膚病の癒しの時には、イエスは治癒した患者に、祭司に体を見せ清めの奉献をして病気の完治を証明するように命じる（一44）。ルカ福音書一七章11―19節で癒した一〇人の皮膚病の患者にも、祭司たちに体を見せるように言っている。これは、共同体の中に戻るための帰還の手続きである。福音書の癒しの記述でも特に不浄とされた病人へのこのいわゆる「帰還命令」は、癒しが肉体的な癒しのみではなく、疾患に起因する社会的疎外からの癒しをも伴って始めて完結することを特に強調している。マルコ、ルカ、マタイの並行記事を比較すると、帰還命令は後の資料に下るにしたがって記述から落とされる傾向がある。大貫隆の指摘のように、これは、伝承史的に若い層になるほど、癒された者への関心が失われ、奇跡それ自体とその効果へと関心が移行したことに起因するのであろう（大貫隆『福音書研究と文学社会学』二七四頁）。しかし、本来癒しの奇跡と結びついていた帰還命令の重要性は減りはしない。

さらに、こうした「穢れ」とされる病気に罹った人々の癒しは、これら聖域から最も遠く放逐され社会の外に出されて、神に遺棄されたように見えた人々が、特に神に見い出され、救われることを示すものであり、既成の宗教的倫理的秩序を転覆させることでさえもあった。「穢れた」人々よりも「清い」人々が真っ先に神の特別の顧みを得るはずだという常識的な期待の秩序を破ることだからである。

（1）長血の女の人とヤイロの娘（マルコ五21―42）

このような不浄とされた人々の癒しの例として、福音書の中でももっとも詳細に描写されているのは、いわゆる「ヤイロの娘」と「長血の女」の奇跡である。この二つの奇跡物語は、マルコによる福音書の五章21―42節に組み合わさって提示されている。

五21 イエスが舟で再び向こう岸に渡られると、大勢の群衆がそばに集まって来た。
イエスは湖のほとりにおられた。22 会堂長の一人でヤイロと言う人が来て、イエス
を見ると足元にひれ伏して、23 しきりに願った。「私の幼い娘が死にそうです。どう
か、お出でになって手を置いてやってください。そうすれば、娘は助かり、生きるで
しょう。」24 そこで、イエスはヤイロと一緒に出かけられた。大勢の群衆も、イエス
に押し迫りながら付いて行った。25 さて、ここに十二年間も出血の止まらない女が
いた。26 多くの医者からひどい目に遭わされ、全財産を使い果たしたが、何のかい
もなく、かえって悪くなる一方であった。27 イエスのことを聞いて、群衆の中に紛
れ込み、後ろからイエスの衣に触れた。28「せめて、この方の衣にでも触れれば治し

ていただける」と思ったからである。29 すると、すぐに出血が止まり、病苦から解
放されたことをその身に感じた。30 イエスは、自分の内から力が出て行ったことに
気付いて、群衆の中で振り返り、「私の衣に触れたのは誰か」と言われた。31 弟子た
ちは言った。「群衆があなたに押し迫っているのがお分かりでしょう。それなのに、
『私に触れたのは誰か』とおっしゃるのですか。」32 しかし、イエスは触れた女を見
つけようと、辺りを見回された。33 女は自分の身に起こったことを知って恐ろしく
なり、震えながら進み出てひれ伏し、すべてをありのまま話した。34 イエスは言わ
れた。「娘よ、あなたの信仰があなたを救った。安心して行きなさい。病苦から解放
されて、達者でいなさい。」
35 イエスがまだ話しておられるときに、会堂長の家から人々が来て言った。「お嬢さ
んは亡くなりました。もう、先生を煩わすには及ばないでしょう。」36 イエスはその
話をそばで聞いて、「恐れることはない。ただ信じなさい」と会堂長に言われた。37
そして、ペトロ、ヤコブ、またヤコブの兄弟ヨハネのほかは、誰も付いて来ることを
お許しにならなかった。38 一行は会堂長の家に着いた。イエスは人々が大声で泣き

わめいて騒いでいるのを見て、39 家の中に入り、人々に言われた。「なぜ、泣き騒ぐ
のか。子どもは死んだのではない。眠っているのだ。」40 人々はイエスを嘲笑った。
しかし、イエスは皆を外に出し、子どもの父母、それにご自分の供の者だけを連れ
て、子どものいる所へ入って行かれた。41 そして、子どもの手を取って、「タリタ、
クム」と言われた。これは、「少女よ、さあ、起きなさい」という意味である。42 少
女はすぐに起き上がって、歩きだした。十二歳にもなっていたからである。それを見
るや、人々は卒倒するほど驚いた。43 イエスはこのことを誰にも知らせないように
と厳しく命じ、また、少女に食べ物を与えるようにと言われた。

長血を患っていたこの人は、女性は公の場で見知らぬ男性に触れてはならないというタブーを破り（M・A・トルバート「マルコ福音書」四五七頁、B・マリーナ／R・ロアボー『共観福音書の社会科学的注解』二四三頁参照）、しかも穢れとされている出血の状態でありながら、群衆の中に出てきてイエスに触れ、それによって病が癒されたと感じ、すべての次第をイエスに告白した。五章34節の派遣と祝福の言葉から察すると、彼女はお

そらく、長年病気で医者にかかっても治癒しなかったことから来るつらい経験もすべて話したのであろう。イエスはこの人の行為をよしとして、治癒と平安を告知した。律法では穢れが接触によって伝染すると考えられていた（民数一九11―13）のに対し、イエスは穢れたとされる女に触れられることによって、逆に救いを伝染した。イエスがここで言う「あなたの信仰（πίστις〔ピスティス〕）があなたを救った」、という「信仰」は、信頼と言ってもよい。28節のせりふに表された、「この方の衣にでも触れれば救っていただける」というような気持ちである。「救った」に用いられている動詞σῴζω（ソーイゾー）は、一般に「癒す」と言う意味で用いられているθεραπεύω（テラペウオー）（マタイ四23、八7、九35、一〇1、一〇8、一二10、一七16、マルコ三2、ルカ四23、五15、六7、八43、九1、6、一〇9、一三14、一四3など）や、ἰάομαι（イアオマイ）（マタイ一三15、マルコ五29、ルカ五17、九2、42、一四4、二二51など）よりも強い意味を持つ。「命を救う」（マルコ三4、ルカ六9など）と言った方がよい。特にここでは、「安心して行きなさい（原文は「平安（εἰρήνη〔エイレイネー〕）のうちに出て行きなさい）」というイエスの言葉により、より深い救いの意味を帯びている（W. Radl, ʻσῴζωʼ Exegetical Dictionary of the New Testamen)。εἰρήνηにあたるヘブライ語のשלם SLM（ヘブライ語は子音のみ表記する）には、母音のふり方によって、שָׁלוֹם（シャーローム）「平和」）のほかに、שָׁלֵם（シャーレーム）「完全である、健全である」や、「償う」、「償い、報い」などの意味ともなる。「シャーレーム」「シャーローム」にも、「平和」の他に、たとえば、「元気で、達者で」（創世二九6、三七14、四三28、「幸い」（創世四一16）、「繁栄」（ヨブ二一9）、「喜び」（イザヤ四八22）など広い意味の広がりがある。ギリシア語の「エイレイネー」の背後にあるヘブライ語のשלם (SLM) という概念は健康や物質的報いを含む、十全な平安であったと考えられる。この「平安のうちに」には、この人が心も体も苦しみから解放された状態を回復したことが表されているのである。

そして、続いて語られるヤイロの娘の治癒奇跡においても、イエスに穢れが伝染するのではなく、逆に救いの力が、穢れた状態にある者、すなわち死んだ少女へと、伝わっている。イエスは死んだ子どもの手を取って、「起きなさい」と声をかけている。手を取る行為が癒しを生じたのか、起きなさいという命令が癒しにつながったのかは明記されていない。あるいは、その両方かもしれない。重要な点は、イエスが、少女が死んだ状態、つまり、律法に拠れば穢れた状態（民数一九11―13）の時にその手を取って接触し、癒しを行っていることである。少女の蘇生は、死の克服という意味で、神の国の到来が今ここで始まっているひとつの兆しである。少女は大人になる一三歳よりも前に命を絶たれていた。成人女性として社会で花開くことはなかった。しかし、イエスによって蘇生された彼女は共同体の正式な一員としての人生をこれから送ることができるのである。そうしてこの奇跡もまた、今まで「穢れ」として排除されてきた者を神の国が、清い者として取り込んでゆくことを見せているのである。

（2）ナインのやもめの息子（ルカ七11―17）

これも、接触によりイエスが清さを死人に伝達し、蘇生が起こった例である。この治癒奇跡では、イエスが死んだ青年の母親を憐れに思ったとの語り手の記述があり、福音書記者がこれを神の憐れみによる救済の業と理解したことが示唆されている。

七11 それから間もなく、イエスはナインという町に行かれた。弟子たちや大勢の群

衆も一緒であった。12 イエスが町の門に近づかれると、ちょうど、ある母親の一人
息子が死んで、担ぎ出されるところであった。母親はやもめであって、町の人が大
勢そばに付き添っていた。13 主はこの母親を見て、憐れに思い、「もう泣かなくとも
よい」と言われた。14 そして、近寄って棺に触れられると、担いでいた人たちは立
ち止まった。イエスは、「若者よ、あなたに言う。起きなさい」と言われた。15 する
と、その死人は起き上がってものを言い始めた。イエスは息子を母親にお渡しになっ
た。16 人々は皆恐れを抱き、「偉大な預言者が我々の間に現れた」と言い、また、
「神はその民を顧みてくださった」と言って、神を崇めた。17 イエスについてのこの
話は、ユダヤ全土と周りの地方一帯に広まった。

死んだ若者はこの女にただ一人だけ生まれた（μονογενής〔モノゲネース〕）息子であったことが強調されている。彼女には、ほかには娘も息子も無く、夫の死後は、やもめという社会的弱い立場の彼女にとってはこの息子が唯一社会的、経済的支え手であり、夫の血筋を絶やさないための唯一の希望でもあった。彼の死によって彼女は、そのすべてを失っ

た。それゆえ、彼女は、息子の死という悲しみだけではなく、社会的、経済的困難も背負っていた。13節は、ギリシア語本文を直訳すれば「主は彼女を見て、彼女を深く憐れみ、彼女にもう泣くのは止めるようにと言った」と、イエスの関心と憐れみの対象が「彼女」であることが強調されている。イエスは死んだ息子よりもむしろ、そのような窮境にある「彼女に」憐れみを感じ、助けを必要としている彼女を助けるためにこの息子を蘇らせたのである。特に、「もう泣くのはやめなさい」というイエスの言葉には、この若者の死という出来事だけではなく、夫の死とそこから生じたやもめという境遇を含めて、彼女の抱えたすべての困難に対するイエスの同情が示されている。息子の蘇生はこの女性にとっては、息子の死の悲しみだけではなく、社会的、経済的にも救いをもたらす出来事であった。

福音書記者、あるいは、この出来事の伝承の伝え手は、この出来事を列王記上一七章8―24節にあるエリヤの治癒奇跡、すなわち、エリヤがサレプタのやもめの息子を蘇らせた奇跡物語に重ねて見て報告しており、イエスが「彼を彼の母親に与えた」との文言を七十人訳列王記上一七章23節から、そっくりそのまま一語一句違わず引用している。それゆえ、ここで、「大預言者がわれわれの間に蘇った」と言い、また、「神はご自分の民を心にかけてくださった」と言及されているのは、預言者エリヤであり、この奇跡は、この母親だけではなく、神がイスラエルの「民」を心にかけ、救済をもたらしてくれるという、神の約束の成就の一つの兆しあるいはその出来事のひとつとしてとらえられているのである。エリヤは、マラキ書三章23―24節の預言などから、主の日の先触れとして待望されており、彼の訪れは、イスラエルの民の救いの日の近いことを期待させるものであった。

しかも、ここではその救済の業がヤイロの娘の蘇生の場合と同様、イエスによる穢れの克服という、もうひとつの重要な側面でも大きな変革をもたらす救済の出来事として起こっている。イエスは、この若者の棺に触れて、その後に、「起きなさい」と言っている。若者がまだ、死んでいる、穢れた状態の時に、彼は棺に触れているのである。死者の穢れは、棺を通じてイエスに伝染したと思われたであろう。しかし、その逆に、イエスは死者の穢れを克服し、彼を生の領域に戻したのである。フィッツマイヤーは、エリヤの奇跡とイエスの奇跡は、一つ大きな違いがあり、それは、イエスが死者に触れないで言葉で癒しを行ったことであると指摘しているが（Fitzmyer. *The Gospel according to*

Luke XI–XXIV, p. 656)、イエスが言葉によって癒しを行ったことは重要だとしても、ここで、彼が棺に触れたこともまた、重要なのである。

また、彼が母親に息子を「返した」ではなく、「与えた」と書いてあることは、いみじくも、この息子が新たな生を与えられ、最初に生まれたときに神に授かったのと同様、新たに彼女に与えられたことを示している。この用語法は、伝承あるいは福音書記者の解釈によるとしても、ここにはひとつの貴重な洞察がある。

四　サタンからの解放

背景

旧約聖書には悪霊祓いによる治癒奇跡はない。そもそも悪霊は旧約では、新約聖書におけるような「穢れた霊」τὸ πνεῦμα ἀκάθαρτον（プネウマ　アカタルトン）というような形では登場しない。ギリシア語で比較するために七十人訳で見る限り、前三—一世紀の著とされる後期の預言書ゼカリヤ書（一三2）に「穢れた霊〈定冠詞〈ト〉がついている〉を、わたしはこの地から追い払う」とあるのが文言上唯一の似た例である。病が悪霊によって引き起こされるという見方は、おそらくペルシア起源のもので、ユダヤ教には捕囚後から新約時代に強い影響を持つようになったというのが有力な説となっている（H. C. Kee, *Medicine, Miracle and Magic in New Testament Times*, p. 62: また、H・カーペンター『イエス』一四五—一四六頁）。

また、新約聖書では悪霊の頭と考えられているサタンも、旧約ではそのような役割は果たしていない。ゼカリヤ書のサタン（שׂטן〈シャーターン〉三2、七十人訳ではδιάβολος〈ディアボロス〉）は神の前で人間を「告発する」者という「シャーターン」の語義に沿った役割をするにとどまっている。ヨブ記のサタン（一6—二7）も、（これも七十人訳ではディアボロス）、人間を試み苦痛を与える役割をするがそれは神の赦しを得てのことであり、歴代史上でサタンの誘いによってダビデが人口調査をした（二一1）時には、その人口調査は神の意志に反するゆえに、すぐに罰せられている。つまり、新約聖書に現れるような、この世の悪の力を体現するような悪魔サタンは、名前の上でも概念的にも、旧約には存在しないのである。悪霊とサタンが結び付けられるのは、中間時代である。

この点で最初に見るべきはエノク書である。これは、前三世紀からペルシア時代、ヘレニズム時代初期にまでわたる可能性が考えられる執筆年代の異なる文書が編集された文書であるが、そのなかの「巨人の書」には、「天の番人」が永遠の住まいである天を離れて、地上の子らにならって妻をめとり交わったことから恐ろしい災いがもたらされたと、悪の起源が書かれている（一五1―12）。前二世紀後半に成立したとされるヨベル書にはエノク書のこの「天の番人」が引用され、しかも旧約聖書には登場しなかった「悪霊」たちがその「番人たち」の子として考えられている。霊たちは、サタンと同一視される首領マステマの部下として地上で病気を引き起こしたり、人々を誘惑したりしていることが示唆されている。これは悪霊がサタンの支配下にありこの世で悪をひきおこしているという考えが新約時代に先立って存在していた例である。

クムランの第一洞窟から発見された「宗規要覧」には、悪の起源として、神が人間を創造した時に二つの霊を人間に与えたという、本稿でここまで見てきた文書にない考えが現われている。

闇の天使の故に不義の子らはみな迷い、その過ち、罪、咎、背きの行ないはすべて時至るまで神の秘密に従って彼（＝闇の天使）の支配下にある。また彼らの苦難と悩みの時期とはすべて彼の敵意の支配下にある。そして彼に割当てられた霊どもはみな光の子らを躓かせようとする。しかしイスラエルの神とその真実のみ使いはすべての光の子らを助ける。（「宗規要覧」三21—24）。

これは、終末論の一環であり、闇の天使とはサタンの別名ベリアルであることが、一章24節、二章5節に示され、「不義の子」は、ベリアルに「割当てられた者」（二4—5）とされている。そしてさらに、本稿の関心にとって重要なこととして、この「宗規要覧」では不義の霊に属するものに、「貪欲と義しい行いの怠慢、不平と虚偽、傲慢と心の高ぶり、偽りと残酷な欺瞞と多くの偽善、短気と数多の愚行と無知な執拗さ、姦淫の霊による厭わしい行為、不潔な礼拝による汚れた道、冒涜の舌」といった様々な悪徳と並んで「目のめくらと耳のつんぼ、うなじのこわばりと心の頑なさによってあらゆる闇の道を歩くこと、および悪賢さ」（四9―11）が列挙されている。ここでは、目や耳の不自由さが「闇の中を歩くこと」の要素とされているのである。

タルムードでは旧約のユダヤ思想と異なり、多くの病や災害が悪霊によると考えられている。人にはそれぞれ左右に一〇〇〇ずつもの悪霊がいて、悪霊ごとに役割があり、学者の衣服を擦り切れさせる悪霊、重い皮膚病を引き起こす「レプラの悪霊」（ケトゥボット61b）、眼を見えなくする悪霊（ペサヒーム112a）など、それぞれの災厄をもたらした。狂気は、悪霊によるものと見られる代表的な例である。悪霊に憑かれた者の特徴的な行動は、墓に寝泊りする（不浄な場を住処とする）ことなどである（ハギガー3b）、この悪霊たちが、穢れと結びついて考えられることもある。「穢れた霊」、と悪霊を呼ぶ例も見出される（サンヘドリン65b）。

イエスの悪霊祓い

新約聖書にはイエスの悪霊祓いの奇跡が六例記されている（マルコ一23―26［並行ルカ四33―35］、五1―15［並行マタイ八28―34／ルカ八27―35］、七24―30［並行マタイ一五21―28〕、九17―29〔並行マタイ一七14―18／ルカ九38―43〕、マタイ九32―33、一二22）。また、マルコ福音書六章13節やマタイ福音書八章10節の編集句にも、イエスが多くの悪霊を追い出したとの記述がある。クムラン共同体の「宗規要覧」の例でも見たように、一世紀のパレスチナでは、悪霊やサタンの存在はかなり現実的にとらえられていたようである。

福音書では、イエスも、イエスに悪霊祓いを受けた人々も、悪霊の存在を信じるこの民間信仰を共有していたように記されている。イエスが、「サタン」との戦いをどの程度自分の悪霊祓いや癒しの実践において真剣に考えていたかは、以下のいわゆる「ベルゼブル論争」からうかがい知ることができる。

ベルゼブル論争（マルコ三22―27、ルカ一一18―20）

この論争は、イエスがサタンと結託して悪霊祓いを行っているのではないかとの嫌疑をかけられてイエスが答弁したとの設定で書かれている。イエスが自分の行う悪霊祓いの意味について語る言葉資料は少ないのだが、そのなかで、マルコによる福音書の三章22―27

節（並行マタイ一二22―26／ルカ一一15―18）およびマタイ福音書一二章27―28節とその並行記事ルカ福音書一一章18―20節からなる、通常「ベルゼブル論争」と言われるこの記事はイエスの考えを知る大きな手がかりとなる。マルコ福音書と、マタイとルカの共通資料は以下のとおりである。

マルコ三22 エルサレムから下って来た律法学者たちも、「あの男はベルゼブルに取り
つかれている」と言い、また、「悪霊の頭の力で悪霊を追い出している」と言ってい
た。23 そこで、イエスは彼らを呼び寄せて、たとえを用いて語られた。「どうして、
サタンがサタンを追い出せよう。24 国が内輪で争えば、その国は立ち行かない。
25 また、家が内輪で争えば、その家は立ち行かない。26 もしサタンが内輪もめして
争えば、立ち行かず、滅びてしまう。27 また、まず強い人を縛り上げなければ、誰
も、その人の家に押し入って、家財道具を奪い取ることはできない。まず縛ってか
ら、その家を略奪するものだ。

ルカ一一18 サタンもまた内輪もめすれば、どうしてその国は立ち行けよう。というの
も、あなたがたは、私がベルゼブルの力で悪霊を追い出していると言っているから
だ。19 私がベルゼブルの力で悪霊を追い出しているのであれば、あなたがたの仲間
は何の力で追い出すのか。だから、彼ら自身があなたがたを裁く者となる。20 しか
し、私が神の指で悪霊を追い出しているのなら、神の国はあなたがたのところに来た
のだ。（「私が神の指で」となっている箇所はマタイでは「私が神の霊で」［一二28］
となっている。）

「ベルゼブル」の語は写本間で異読が多く、その語源も定説はない。しかし、少なくともここでは「ベルゼブル」が悪霊の頭とされ、サタンとも同一視されていることは明らかであり、その同定はすでにこれが書かれた時には説明を要さなくなっていたものと思われる。ここでの要点は、イエスの悪霊祓いが神の側に立つサタンとの戦いだということである。

イエスはあたかも自分の権威によって奇跡を起こしているかのように見えるが、イエス

自身は、ここで、自分のなした悪霊祓いが「神の指」によると言っている。彼は、神の力の行使者として戦っているのである。悪霊祓いの一回一回が、サタンとの戦いの勝利への一歩であった。その勝利は、この世に神の国の実現をもたらす。それゆえ、イエスの悪霊祓いは、単なる魔術的癒しのレベルを超えた宇宙論的意味を持つ。

福音書において、悪霊は神の霊や聖霊と同様にリアリティーとしてとらえられている。「悪霊に憑かれた」人たち自身も、悪霊をリアリティーとしてとらえている。彼らにとって、悪霊からの解放は、真に、束縛からの解放であり、穢れからの清めであり、サタンの力から救い出されることであった。イエスも、そして癒された人々も、癒しを目撃した人々も、新約聖書に記録されている人たちは悪霊からの解放を現実の救いの働きとして理解した。以下では福音書に記されたその例を見てゆくことにする。

悪霊祓いの事例分析

マルコによる福音書における最初の悪霊祓いは、この福音書における最初の奇跡でもあり、カファルナウムの会堂で安息日に行なわれた。

（1）カファルナウムの会堂での悪霊祓い（マルコ一21―28）

一21 一行はカファルナウムに着いた。そして安息日にすぐ、イエスは会堂に入って教
えられた。22 人々はその教えに驚いた。律法学者のようにではなく、権威ある者の
ようにお教えになったからである。23 するとすぐに、この会堂に汚れた霊に取りつ
かれた男がいて叫んだ。24「ナザレのイエス、構わないでくれ。我々を滅ぼしに来た
のか。正体は分かっている。神の聖者だ。」25 イエスが、「黙れ、この人から出て行
け」とお叱りになると、26 汚れた霊はその男に痙攣を起こさせ、大声を上げて出て
行った。27 人々は皆驚いて、論じ合った。「これは一体何事だ。権威ある新しい教え
だ。この人が汚れた霊に命じると、その言うことを聞く。」28 こうして、イエスの評
判は、たちまちガリラヤ地方の隅々にまで広まった。

この悪霊祓いを見た人々が「権威ある新しい教え」（一27）と言っていることは、読者に向けて癒しや悪霊祓いを「教え」として印象づける。そして、これが「権威ある」と言

われていることは、二章10節で「人の子が罪を赦す権威を持っていること」を示すものとして癒しが提示されている箇所に結びつく。また、マルコ福音書は冒頭で「神の子イエス・キリストの福音の初め」（一1）と宣言し、一章11節では、神の声が天からイエスに「あなたはわたしの愛する子、わたしの心に適う者」と語りかけた逸話を記しており、それとごく近い一章のここで悪霊がイエスを「神の聖者」と呼んだことは冒頭の「神の子」イエスのモチーフと結びつき、神の子であるイエスには悪霊を従わせる力と権威があったのだと、印象付ける。イエスが言った「黙れ」（φιμώθητι〔フィモーテーティ〕）は文字通りには「口かせをはめられよ」という意味であり、悪霊を縛り付けて自由を奪う強いイメージである。

シナゴーグでこの悪霊祓いが行なわれたことは、これが単に私的なことではなく、公共の意味を持つことを示す。旧約聖書では民全体を集合的に一個の法的人格のようにとらえる思想があり、そこではたとえばヤロブアムという個人の背信の罪が北イスラエルの滅亡を招いたと考えられていたように、救いの面では、一人の救いが共同体全体の救いに結びつくと考えられよう。そのような意味でも、この一人の悪霊からの救いは、民の救いに結びつく「福音」であり、「教え」であった。

　また、イエスが悪霊を祓う時、それが言葉によってなされていることにも、意味がある。福音書記者ヨハネはイエスを神の言葉の受肉ととらえたが（ヨハネ一14）、創世記において神の「言葉」דָּבָר（ダーバール）は世界創造の「出来事」דָּבָר（ダーバール）となった（創世一3―30。ヘブライ語の「ダーバール」には、「言葉」と「出来事」の両方の意味がある）。言葉による秩序の回復は、創世記の創造に比せられる神の業の働き方であり、これが神の行ないであることを裏打ちする。そして、マルコ福音書の悪霊との対決においても、イエスの言葉が悪霊祓いという出来事となり、その出来事が福音宣教の言葉、「教え」（マルコ一27）となるのである。

　悪霊は、イエスの正体を知っていた。それは、ひとつに、マルコの書き方では、一章11節でイエスが神の子として神の声を聞いた時、悪霊たちを含めた霊的な存在もその声を聞いたはずであり、その時イエスの正体を知ったからであると解釈できる（G・ヴェルメシュ『ユダヤ人イエス―歴史家の見た福音書』二〇七頁）。また、悪霊は、霊的な存在としてイエスの霊的な正体を知る直感があったということもあろう。悪霊は、霊としてイエスの内なる霊的存在を見分けるのである。その点では、イエスの悪霊との戦いは、彼ら当事者だけが真にその意味を理解する霊的レベルの戦いでもあったと考えられる。

（２）腰の曲がった婦人　（ルカ一三10―17）

ルカによる福音書にだけある、腰の曲がった婦人の治癒奇跡は、イエスが人の障碍をサタンのわざと結び付けて語る福音書中唯一の例を含む。

一三10 安息日に、イエスはある会堂で教えておられた。11 そこに、十八年間も病の
霊に取りつかれている女がいた。腰が曲がったまま、どうしても伸ばすことができ
なかった。12 イエスはその女を見て呼び寄せ、「女よ、あなたは病から解放された」
と言って、13 その上に手を置かれた。女は、たちどころに腰がまっすぐになり、神
を崇めた。14 ところが会堂長は、イエスが安息日に病人を癒やされたことに腹を立
て、群衆に言った。「働くべき日は六日ある。その間に来て治してもらうがよい。安
息日はいけない。」15 しかし、主は彼に言われた。「偽善者たちよ、あなたがたは誰

でも、安息日に牛やろばを飼い葉桶から解いて、水を飲ませに引いて行くではない
か。16 この女はアブラハムの娘なのに、十八年もの間サタンに縛られていたのだ。
安息日であっても、その束縛から解いてやるべきではないか。」17 こう言われると、
反対者は皆恥じ入ったが、群衆はこぞって、イエスがなさったすべてのすばらしい行
いを見て喜んだ。

福音書には、イエスが癒しを行って歩いたことが、人々の「すべての病や病気」を癒して歩いたというような表現によってしばしば報告されている。その際、「病」を表す語としては通常、μαλακία（マラキア）（マタイ四23、九35、一〇1）、νόσος（ノソス）（マタイ四24、マルコ一34、ルカ四40など）、κακῶς ἔχων（カコース　エコーン、文字通りには「悪く持っている」）（マタイ四24、八16、一四35、マルコ一32、34、六55など）が用いられている。一方、この腰の曲がった婦人の場合には、上記の「病」に該当する語のいずれも用いず、（一三11。「弱さの（ἀσθενείας〔アステネイアス〕）霊を持っている女」という表現がなされている。障碍とサタンが結びつけられている唯一の例である。ここで「病」

を表わす語ではなく「弱さの霊」という表現が使われている事は重要であろう。ゲルト・タイセンは、イエスの癒しにおいては病が「弱さ（*asthéneia*）をさす単語とまったく同一」の語で言及され、「癒しは病人が治癒者の按手によって力を与えてもらうことを言う」と指摘している（G・タイセン『原始キリスト教の心理学―初期キリスト教徒の体験と行動』三三五頁）。タイセンの指摘どおり、ここでは、力の回復という意味は大きい。しかし、先に見たように、福音書で病に言及する際には、「病気」を意味する一般的な語も用いられていたので、特に「弱さ」が用いられる場合には特別の意味を見るべきである。サタンはこの女の人を病気にしたのではなく、「縛っていた」とされている。これは、力づくのイメージであり、それゆえ、この女の人が憑かれていたのは「弱さの霊」なのである。14節で会堂長はイエスが癒しをしたとして立腹しているが、これを病からの癒しと見るのは会堂長であってイエスではない。この女性の回復の真の意味は、解放である。

そして、ベルゼブル論争に照らして見れば、この「弱さの霊」もまた、悪霊のひとつと考えられる。この女の人がサタンに縛られていたということは、この悪霊を用いて、その頭たるサタンがこの人を縛っていたということになる。いずれにしてもここでは、この人がサタンに縛られていたのに解放された、ということが重要であり、それは、安息日にむしろ相応しいこととしてなされたのである。L・T・ジョンソンがいみじくも指摘するとおり、安息年が負債からの解放の時であることから分かるように、解放は安息の本質だからである（L. T. Johnson, *The Gospel of Luke*, p. 212）。16節後半の、聖書協会共同訳では「安息日であっても」と訳されている部分の原文は直訳すれば「安息日に」と訳せる中立的な表現であり、16節の後半はむしろ、「安息日だからこそ、その束縛から解いてやるべきではなかったか」という意味で解釈するのが適切である（三好迪「ルカによる福音書」『新共同訳新約聖書注解I』三三六頁も、「安息日だからこそ、その束縛から解いてやるべき」とも翻訳できると指摘している）。

福音書に記されている癒しの中で同じく安息日になされた、ベトザタの池のほとりに三八年間横たわっていた人の麻痺の癒しの場合も、この人の障碍は「弱さ」（ἀσθένεια〔アセネイア〕）と言われており（ヨハネ五5）ここでも、安息日は弱さからの解放と考えられている。また、マルコ福音書三章1—5節（並行マタイ一二10—13とルカ六6—10）に記されている手のなえた人の癒しの場合も、このことは当てはまる。「手」は特に権力や力の比喩としても用いられ（ルカ一66、使一一21）、そのことにも示されるように、手のなえの回復は力の回復の象徴であり、弱さからの解放という安息の本質にかなったことである。ルカ福音書一四章1―4節にある水腫の人の癒しは「〔イエスは〕彼を癒し、帰した（ἀπέλυσεν〔アペルセン〕）」（一四4）と報告されているが、このἀπέλυσεν（アペルセン）は「帰した」の他に、「解放した」という意味もある。ここに見えるのはやはり解放のモチーフである。

癒された人々にとっては、悪霊祓いはいかなる意味を持っていたのであろうか。その点をさらに考察するために、次に、マルコによる福音書五章1―20節の「ゲラサの悪霊祓い」と言われる記事を見る。

（3）ゲラサの悪霊祓い（マルコ五1―20）

マルコによる福音書五章1―20節のいわゆる「ゲラサの悪霊祓い」伝承には、穢れた霊に憑かれた人の癒しに、悪霊の大軍が豚に乗り移るのをイエスが許して、悪霊に乗り移られた豚が湖になだれ込んでおぼれ死ぬという奇跡物語が組み込まれている。

五1 一行は、湖の向こう岸にあるゲラサ人の地方に着いた。2 イエスが舟から上がら
れるとすぐに、汚れた霊に取りつかれた人が墓場から出て来て、イエスに会った。
3 この人は墓場を住みかとしており、もはや誰も、鎖を用いてさえつなぎ止めてお
くことはできなかった。4 度々足枷や鎖でつながれたが、鎖を引きちぎり足枷を砕
くので、誰も彼を押さえつけることができなかったのである。5 彼は夜も昼も墓場
や山で叫び続け、石で自分の体を傷つけていた。6 イエスを遠くから見ると、走り
寄ってひれ伏し、7「いと高き神の子イエス、構わないでくれ。後生だから、苦しめ
ないでほしい」と大声で叫んだ。8 イエスが、「汚れた霊、この人から出て行け」と
言われたからである。9 イエスが、「名は何と言うのか」とお尋ねになると、「名は
レギオン。我々は大勢だから」と答えた。10 そして、自分たちをこの地方から追い
出さないようにと、しきりに願った。11 ところで、その辺りの山に豚の大群が飼っ
てあった。12 汚れた霊どもはイエスに、「豚の中に送り込み、乗り移らせてくれ」と
願った。13 イエスがお許しになったので、汚れた霊どもは出て、豚の中に入った。

すると、二千匹ほどの豚の群れは、崖を下って湖になだれ込み、湖の中で溺れ死ん
だ。14 豚飼いたちは逃げ出し、町や村にこのことを知らせた。人々は何が起こった
のかと見に来た。15 そして、イエスのところに来ると、レギオンに取りつかれてい
た人が服を着、正気になって座っているのを見て、恐ろしくなった。16 成り行きを
見ていた人たちは、悪霊に取りつかれた人に起こったことや豚のことを人々に語って
聞かせた。17 そこで、人々はイエスにその地方から出て行ってもらいたいと願い始
めた。18 イエスが舟に乗ろうとされると、悪霊に取りつかれていた人が、お供をし
たいと願った。19 しかし、イエスはそれを許さないで、こう言われた。「自分の家族
のもとに帰って、主があなたにしてくださったこと、また、あなたを憐れんでくだ
さったことを、ことごとく知らせなさい。」20 そこで、彼は立ち去り、イエスが自分
にしてくださったことを、ことごとくデカポリス地方に言い広め始めた。人々は皆驚
いた。

この伝承は、内容を論じる前に構造分析をしておくことが必要である。2節と6節には

重複があり、汚れた霊に憑かれた人が二度登場する書き方になっている（この伝承の構造分析については、小河陽『イエスの言葉——その編集史的考察』一二五—一二六頁、富田栄『マルコ福音書註解』一巻三六二頁などを参照）。これは、悪霊憑きの症状がいかにひどいものであったかの説明あるいは誇張するために、3—5節、あるいは3—6節が挿入されたためと考えられる。9節—14節aも最初は別伝承であったと考えられる。9—13節では、穢れた霊が複数になり、2節の単数形と矛盾が出ているからである。もともと、悪霊に憑かれた男の癒しと、大軍の悪霊が豚に乗り移りおぼれ死んだ奇跡が別の伝承だったものを、マルコがひとつに編集したのであろう。この、単数と複数の食い違いを解決するために9節「名は何というのか」が挿入され、その後の複数形への移行を導いている。しかしその挿入によって、8節で退去命令があった後で10節、12節で悪霊がイエスに取り引き（男から出る代わりに豚に乗り移ることを許してほしい）を持ちかける運びとなり、退去命令の効果を減じているというもう一つの不都合が出てしまっている。こうしたつながりの悪さから、レギオンの話はもともとの悪霊祓いの奇跡とは別だと分かり、最初の悪霊祓いの話で重要な部分は、8節までと14節からということになる（ただし、レギオン伝承にも、悪霊は大勢でもイエスには勝てない、と印象付ける効果はあり、また、病気について論考する本稿の主旨とはずれるが、「レギオン」は、六〇〇〇人からなるローマの軍隊をさす言葉であり、興味深い。エルサレムを陥落させたローマ第一〇軍団のシンボルは雄牛と猪、つまり、野生の豚、だったことから、レギオンが壊滅させられたこの奇跡のうちに反ローマ感情を読み取ることもできるからである［ローマ軍への言及に関しては、P・パーキンス「マルコによる福音書」二四三頁、田川建三『マルコ福音書　上巻』三五七頁］、廣石望「挑発としての奇跡」四〇―四一頁などを参照）。

悪霊に憑かれた男は、自分からイエスに近づいておきながら、「いと高き神の子イエス、構わないでくれ。後生だから、苦しめないでほしい」（7節）と叫ぶ。悪霊に憑かれた彼は、癒されたいという願望を持つが、彼を支配している悪霊が癒しを拒否する。これは、今日でも中毒患者に見られる現象に似ている。たとえば、アルコール中毒者や麻薬患者は、治癒を望むが、その一方で、アルコールや麻薬を欲し、癒しを拒否する。違いは、ここではイエスもこの男も、男の憑依状態を心理的なものとは考えていないことである。この男にとり憑いた悪霊と対峙しているのである。ルカの最初の読者もそう読み、「いと高き神の子イエス」との呼びかけは悪霊追放物語の文学類型に特徴的に見られる悪霊の防御の言葉と理解したであろう。イエスの時代には、相手の名前を知りその名を呼ぶことには相手に対する呪縛的な力の効果があると考えられていたからである。ただし、「構わないでくれ（原文は『私とお前に何の関係があるのか』）は逃げ腰の抗弁であり、イエスの名を呼んだことも、イエスに勝てないまでもせめて先手をついて試みられた、必死の抵抗と解釈される。

また、この「いと高き神の子」との呼称は、異邦人によってのみ、イスラエルの神との関連において用いられていたという指摘があり（J. Marcus, *Mark 1–8*, p. 342、C・J・デン・ヘイヤール『マルコによる福音書I』二〇六頁など）、この奇跡がゲラサ人の地方でなされたとの断りとともに、この悪霊祓いが異邦人の上になされたことを強調する。イエスの神の国の支配は、究極的には異邦人をも含むすべての民に及ぶものであり、異邦人の国で活動する悪霊も、放逐の対象から外れることはないのである。イエスはこの悪霊に有無を言わさぬ退去命令を出し、この男は癒された。これはサタンの敗北である。

そしてその後、この男が、イエスとともに行きたいと言った願いが許されなかったことは、イエスが彼を弟子にすることを拒否したという意味ではない。むしろ、悪霊憑きからの治癒は物理的意味での悪霊祓いでは完了せず、悪霊に憑かれて以来社会から疎外され、自分の家にさえ居られず墓に寝泊まりしていた疎外状況からの回復をもって初めて完了するということを示す。イエスは帰宅命令とともに、「主があなたにしてくださったすべてのこと、あなたを憐れんでくださったことを知らせなさい」と言うが、ここでイエスは、自分の行なった悪霊祓いが、イエス自身の業ではなく、イエスを通して神がなした業であると考え、そのように告げている。しかし20節によると、この男の人は、この癒しの業を神の業としてではなく、むしろイエスが自分になしてくれた業として言い広める。ここには、イエス自身が神の業を宣べ伝えていたのに対し、イエス運動に加わった者たちがイエス自身を宣べ伝えるようになっていった方向のひとつの例がすでに見える。イエス自身の言行に注目するなら、われわれの関心にとってここで重要なことは、社会で最も穢れたと考えられ、疎外されていたこの男の方が、いわゆる「清い」人々、つまり、自分たちの方が「清い」とか「義人」であると考えて彼と接触を避けていた人々よりも先に神の憐れみを受けて救われたということである。

そうしてイエスと悪霊の戦いという形で、善と悪との終末論的戦いが、旧約の時代にはなかった形でこの世で始まっていると理解されるのである。イエスの悪霊祓いが、単なる精神的、比喩的な意味でなされたものではなく、それを体験した人々にとって、悪霊との実際の戦いであったということは忘れるべきではない。イエスの癒しは、サタンの支配を終わらせ、今、この世で始まりつつある神の国を実現する戦いの一部でもあり、また、真の救いの世としてその神の国が開けつつあるしるし、前触れでもあった。

五　まとめの考察

イエスは、申命記史家以来支配的な応報思想による病理解を退けた。応報思想はイスラエルの民が被った災禍を、彼らの神ヤハウェの善性の不足や無力にではなく、むしろ、彼らの罪を罰するヤハウェの義に帰すものである。この思想は病や疾患についても適用され、後代のラビ文献への流れの中では個人レベルでも罪と罰の応報関係の形で詳細に練り上げられてゆくことになるが、イエスの時代にもすでに、病は罪の罰であるとの考えは一般に見られた。しかしそれをイエスは否定し、病を罪の罰とは見なかったのである。一般に罪と結び付けられていた病人の癒しの場合も、その癒しは「罪の赦し」ではなく、むしろ癒される者の「信頼」に答える神の憐れみと恵みの業としてなした。それゆえ、それは、癒された者にとっては、病からの解放であるとともに、彼らが救われない罪人と見られていた偏見からの解放でもあった。その上、彼らが「義人」とされる人たちよりも先に神の憐れみをうけ、神の国に迎え入れられることを示すものであった。

「穢れ」に対しても、イエスは従来の考えを破る答えを出した。レビ記からクムラン教団などへの思想的流れでは、重い皮膚病の人々や死人は穢れとされ、穢れとされる病気の患者は共同体から排除されてきたのに対し、彼は不可触のタブーを進んで破ることによって、「穢れている」とされている者に接触し、彼らを癒し、共同体のうちに取り戻したのである。これも、「罪人」とされてきた者の場合と同様、今まで最も救いから遠いと見られていた人々が他のいわゆる「清い」人々よりも先に神の憐れみを受け、救われるという逆説的な使信となる。

「罪人」あるいは「穢れた」とされる人々の苦難は、こうして、神の憐れみによってこの世で無化される。それどころか苦難は、それゆえに神の恵みを受けた、プラスの要素に転換される。応報思想の視点は、病の苦しみからその原因へと、後方に向かうものであった。それに対して、イエスは、苦難の渦中にいる者たちへ神がなす救いを示す、前向きの視点を持っている。

イエスの当時、イスラエルの人々の間にはさまざまなメシアの世待望があった。それは、後のタルムードにも引き継がれるさまざまな類型であるが、大きくは、イスラエルの政治的独立を勝ち取る政治的メシアがもたらす理想的な世界か、神かメシア自身がこの世に壊滅的終末をもたらす時に実現する、メシアによって支配される黙示的世界への待望であった（G. F. Moore, *Judaism in the First Centuries of the Christian Era: The Age of Tannaim*, vol. 2 & 3 bound in one, pp. 324–327、E・レヴィナス『困難な自由―ユダヤ教についての試論』七〇―八〇頁、Samuel Sandmel, *Judaism and Christian Beginnings*, pp. 202–207、Talmud, Sanhedrin 94a, 99a など）。そのどちらも、実現しなかった。けれどもイエスは、そのどちらでもない形で「神の国」を考え、実現してゆこうとした。

獄中の洗礼者ヨハネが二人の弟子をイエスに遣わし、「来るべき方は、あなたですか。それとも、ほかの方を待つべきでしょうか」（ルカ七20）と問わせたとき、イエスは答えてこう言っている。

ルカ七22「行って、見聞きしたことをヨハネに伝えなさい。目の見えない人は見え、
足の不自由な人は歩き、規定の病を患っている人は清められ、耳の聞こえない人は聞
こえ、死者は生き返り、貧しい人は福音を告げ知らされている。
23 私につまずかな
い人は幸いである。」

これはイザヤ書三五章5—6節aと六一章1節からの混合引用であり、その預言が自分の癒しの行為によって実現していることを宣言するものである。イエスの癒しは、神の国の到来が近いこと（神の国の近さは、マルコ福音書一章15節、「時は満ち、神の国は近づいた。悔い改めて、福音を信じなさい」などと言明されている）、すでに神の国がこの世

で実現しつつあること（ルカ一七21）を実証し、さらにその実現を促進するものであった。イエスは、ひとりの目の見えない人の目や、聞こえない耳や、皮膚病を癒すことのうちに、来るべき世の開始を見た。小さな人々、罪人として、あるいは穢れた者として共同体から排除されているような人々の中から、この世において、すでに神の国は実現し始めているのだということを主張し、そうした癒しや清めや悪霊祓いの業によって実証して見せたのである。ゆえに、癒された人々は肉体的な苦しみとそれに起因する社会的偏見と疎外との両方から解放されるのみならず、神の国に真っ先に入れられるという祝福を与えられるのである。

補　イエスの癒しと信仰

イエスの癒しにおいては、癒される者、あるいはその周囲の者の信仰（πίστις〔ピスティス〕）が重要である。イエスの癒しの奇跡では、多くの癒しにおいて、癒しを望む者の「信仰」が問題とされているか、あるいは、癒された後に信仰に至る驚きと賛美のモチーフが見られる（マタイ八5、マルコ二5、五34、九24、一〇52及びその並行箇所など）。G・バルトは、イエスの言葉においては、奇跡物語の形と言語は伝承の担い手である共同体によるものなので「信仰」の要請もその影響を受けているはずだと認め、イエスが奇跡治癒を行う際に信仰を求める言葉が、逐語的に史的イエスの言葉であったとは考えられないという留保をしながら、それでも、信仰が奇跡に先立つという理解は、イエスの使信に根拠を持つと考えている。なぜなら、出エジプト記（四8―9、一四31）やヘレニズムの奇跡でも（たとえば、タキトゥスが記しているウェスパシアヌス帝（位六九―七九）の行った奇跡物語は、彼の皇帝の資格を示すための伝承である。彼が帝位に着く前に行った癒しの奇跡は、サラピス神の信奉者たちの視力や手の力の回復であり、これは彼がこのエジプトの神の好意を得ていることを示した〔『同時代史』四81〕）、新約聖書での奇跡の伝承の記述者の前提においても（ヨハネ二11、23、一一15、二〇31、使徒言行録五12―14、九42、一三12、九17―18）、奇跡が信仰の根拠として考えられるのが通常であり、信仰が奇跡の基となる伝承は、それと正反対だからである。タイセンも、通常は奇跡が信仰を引き起こすのが普通で、信仰が奇跡を起こすのはイエス伝承の場合だけであると指摘している（『原始キリスト教の心理学』三四五頁）。G・バルトが指摘しているように、イエスが求める「信仰」は、イエス自身をキリストと信じるという意味での「信仰」ではない。少なくとも治癒奇跡をなす条件としてイエスが自分をメシアとして受け入れることを要求することはしていないからである。むしろ、神の力によれば普通はありえないことも現実になるという、神への信頼である（G. Berth, "πίστις," p. 94）。ルカによる福音書のイエスの言葉、「もし、からし種一粒ほどの信仰があるなら、この桑の木に、『根を抜き海に植われ』と言えば、言うことを聞くであろう」（ルカ一七6）や、マタイによる福音書の並行箇所、「もし、からし種一粒ほどの信仰があるなら、この山に向かって、『ここから、あそこに移れ』と言えば、移るだろう。あなたがたにできないことは何もない」（マタイ一七20）は、「信じること、信頼すること」が癒しを含めて、あらゆる奇跡的な業に先立つことを示している。信仰／信頼が癒しに先立つことは、イエスの癒しが単なる病気の治癒にとどまらず、本論で見てきたように、より広い意味での救いという意味を持つこと、「救い」ということが、神への立ち帰りによる「平安」と切り離せないものであることを示している。そこでは奇跡は、信仰をもたらすためのしるしではなく、信じる人に与えられる恵みととらえられている。それゆえ、信仰からではなくイエスの権威を試そうとして「しるし」として奇跡を求める者たちに見せるためには、奇跡は行われない（マタイ一六4、マルコ八12）。

使徒言行録を見ると、初代教会では、病気の癒しや悪霊祓いが宣教の一環として行われていたことがわかる（使徒言行録五12―16）。このことは、イエス自身にとって奇跡は信仰を呼び起こすためのしるしではなく、むしろ奇跡的治癒に先立って「信仰／信頼」があるべきものだったのに対し、後にイエスがメシアであるという解釈が生じると、イエスやイエスの名による治癒奇跡が、ヘレニズムの奇跡行為者の例と同じく、イエスのメシア性の証と見られるようになったということを示している。しかし、使徒言行録の時代に至ってもやはり、癒しはイエスのメシア性のしるしであるだけではなく、本質的に、神の国の開始を示すものとして意味をもっていたのである。マルコをはじめとする福音書記者が彼らの書に治癒奇跡の伝承を含めたのは、彼がそれを、イエスの神の国宣教の重要な部分だと悟ったからであった。

参考文献

テキスト

『聖書　聖書協会共同訳旧約聖書続編つき』日本聖書協会、二〇一九年。

Nestle-Aland, Novum Testamentum Graece. 27. Aufl. Revidiert von Barbara und Kurt Aland, Johannes Karavidopoulos, Carlo M. Martini, Bruce M. Metzger. Stuttgart: Deutsche Bibelgesellschaft, 1993.

Biblia Hebraica Stuttgartensia. 5. verbesserte Aufl. Hrsg. von Karl Elliger, Wilhelm Rudolph. Stuttgart: Deutsche Bibelgesellschaft, 1997.

Septuaginta. Hrsg. von Alfred Rahlfs. 2 Bde. 5. Aufl. Stuttgart: Privilegierte württembergische Bibelanstalt, 1952.

Babylonian Talmud. London, Soncino Press, 1965-1990 in CD-Rom Judaic Classics Version 3.0.8, Skokie, IL.: Davka, 2004.

日本聖書学研究所編『死海文書―テキストの翻訳と解説』山本書店、一九六三年。

研究書

ヴェルメシュ、G『ユダヤ人イエス―歴史家の見た福音書』日本基督教団出版局、一九七九年。

大貫隆『福音書研究と文学社会学』岩波書店、一九九一年。

小河陽『イエスの言葉―その編集史的考察』（聖書の研究シリーズ）教文館、一九七八年。

カーペンター、H『イエス』滝沢陽一訳、教文館、一九九五年。

タイセン、ゲルト『原始キリスト教の心理学―初期キリスト教徒の体験と行動』大貫隆訳、新教出版社、二〇〇八年。

田川建三『マルコ福音書　上巻』（現代新約注解全書）新教出版社、一九七二年。

富田栄『マルコ福音書註解1―3』みすず書房、一九八四年。

トルバート、メアリー・アン「マルコ福音書」C・A・ニューサム／S・H・リンジ編『女性たちの聖書注解：女性の視点で読む旧約・新約・外典の世界』新教出版社、一九九八年。

C・A・ニューサム／S・H・リンジ編『女性たちの聖書注解：女性の視点で読む旧約・新約・外典の世界』新教出版社、一九九八年。

パーキンス、P「マルコによる福音書」『NIB新約聖書注解2』挽地茂男訳（ATD・NTD聖書註解刊行会、二〇〇〇年（Perkins, Pheme. "The Gospel of Mark," in Katharine Doob Sakenfeld ed., The New Interpreter's Bible, vol. 8. [Nashville: Abingdon Press, 1995])。

廣石望「挑発としての奇跡―イエスの奇跡物語伝承をめぐる考察」上智大学キリスト教文化研究所、川中仁編『新約聖書の奇跡物語』リトン、二〇二二年、一一―八八頁。

マリーナ、ブルース・J／ロアボー、リチャード『共観福音書の社会科学的注解』大貫隆監訳、加藤隆訳、新教出版社、二〇〇一年。

ヘイヤール、C・J・デン『マルコによる福音書I』伊藤勝啓訳、教文館、一九九六年。

三好迪「ルカによる福音書」『新共同訳新約聖書注解I』日本基督教団出版局、一九九一年。

レヴィナス、エマニュエル『困難な自由―ユダヤ教についての試論』内田樹訳、国文社、一九八五年。

Beasley-Murray, George R. *John*, Word Biblical Commentary 36. Waco, Texas: Word Books, 1987.

Berth, G. "πίστις," *Exegetical Dictionary of the New Testament*, vol. 3, eds. H. Balz and G. Schneider. Grand Rapids: Eerdmans, 1993. pp. 91–96.

Bultmann, Rudolf. *The Gospel of John: A Commentary*, translated by G. R. Beasley-Murray, Oxford: Basil Blackwell, 1971.

Dods, Marcus. *The Gospel of St. John*, vol. 1. [New York and London: A. C. Armstrong and Son. 1903]. p.186.

Fitzmyer, Joseph A. *The Gospel according to Luke, XI–XXIV*. The Anchor Bible 28A. Garden City, NY: Doubleday, 1985.

Hentrich, Thomas. The Purity Laws as a Source for Conflict in the Old and New Testament." *Annual of the Japanese Biblical Institute*. vol. 30–33 (2004–2005). Tokyo: The Japanese Biblical Institute, 2007. pp. 5–21.

Kee, Howard Clark, *Medicine, Miracle and Magic in New Testament Times*. Cambridge: Cambridge Univ. Press, 1986.

Keener, Craig S. *The Gospel of John: A Commentary*, vol. 1. Peabody, Massachusetts: Hendrickson,

2003.
Lenski, R. C. H. *The Interpretation of St. John's Gospel*. Minneapolis: Augsburg Publishing House, 1943.
Leroy, Herbert. "ἀφίημί ἄφεσις." In Horst Balz/Gerhard Schneider (eds.) *Exegetical Dictionary of the New Testament*, vol. 1. Grand Rapids: Eerdmans, 1990. pp. 181–183.（『ギリシア語新約聖書釈義事典』（1巻、教文館、一九九三年）
Maccoby, Hyam. *Judaism in the First Century*. London: Sheldon Press, 1989.
MacGregor, C. H. C. *The Gospel of John*. Moffatt's New Testament Commentary. London: Hodder & Stoughton, 1928. pp. 170–171.
Manson, William. *Jesus the Messiah, The Synoptic Tradition of the Revelation of God in Christ*, London: Hodder & Stoughton, 1943,
Marcus, Joel. *Mark 1-8, The Anchor Bible*. New York: The Anchor Bible, 1999.
Michaels, J. R. *John*, New International Biblical Commentary. Peabody, Massachusetts: Hendrickson, 1989.

Moore,George Foot. *Judaism in the First Centuries of the Christian Era: The Age of Tannaim*. Vol. 1, 1927; Massachusets: Hendrickson, 1997; vol. 2, 1927; in vol. 2& 3 bound in one, Massachusets: Hendrickson, 1997; vol. 3, 1930; in vol. 2& 3 bound in one, Massachusets: Hendrickson, 1997.

Radl, W. "σῴζω," *Exegetical Dictionary of the New Testament*, vol. 3, eds. H. Balz and G. Schneider. Grand Rapids: Eerdmans, 1993, pp. 319–321.

Sandmel, Samuel. *Judaism and Christian Beginnings*. New York: Oxford Univ. Press, 1978.

Schweizer, Eduard. *The Good News According to Mark*, trans. Donald H. Madvig [Ricmond, VA: J. Knox Press, 1970; London: S.P.C.K., 1971

（本稿は講演に基づき、講演の性質上新しい研究発表ではなく、東京大学修士論文「イエスの神義論―特に、イエスの悪霊祓いと癒しの意味をめぐって」（二〇〇八年）及び、拙著『悪徳何の問題へのイエスの答え―イエスと新議論』（キリスト新聞社、二〇一六年）と大部分重複していることをお断りしておく）

マタイ福音書における二人の盲人の治癒

角田佑一

はじめに

本論の主題は、マタイがマルコ福音書の盲人バルティマイの治癒物語に「二人の盲人」の目を「開く（anoigō）」という編集をしたことによって、イエスの治癒奇跡にいかなる意味を付与しようとしたのかを解明することである。マタイ福音書における二人の盲人の治癒に関する二つの治癒物語（マタ九27―31、二〇29―34）は、それぞれマルコ福音書の盲人バルティマイの治癒物語（マコ一〇46―52）を編集して作成されたものである。マタイは編集の際、イエスが「二人の盲人」の目を「開く（anoigō）」治癒行為を行ったという内容を入れて、盲人を治癒する奇跡に新たな意味を付与している。とりわけ、共観福音書の中で「開く（anoigō）」という語は、地上のイエスや終末における再臨のキリストの救済行為に用いられるが、マタイはこの語をイエスが盲人の目を「開く」治癒奇跡の中で用いている。本論では、マタイが「二人の盲人」の目を「開く（anoigō）」という編集をしたことによって、イエスの治癒奇跡にいかなる意味が与えられたのかを明らかにする。

なお、本論で聖書本文は、以下のテキストを用いている。

ヘブライ語聖書（旧約聖書）マソラ本文テキスト

Biblia Hebraica Stuttgartensia. Stuttgart: Deutsche Bibelgesellschaft, 1977.

七十人訳聖書ギリシア語テキスト

Septuaginta. Id est Vetus Testamentum graece iuxta LXX interpretes edidit

Alfred Rahlfs. Stuttgart: Deutsche Bibelgesellschaft, 1935.

新約聖書ギリシア語テキスト

Novum Testamentum Graece. 28th revised edition. Based on the work of Eberhard and Erwin Nestle. Edited by Barbara and Kurt Aland, Johannes Karavidopoulos, Carlo M. Martini, Bruce M. Metzger. Stuttgart: Deutsche Bibelgesellschaft, 2012.

旧約聖書・新約聖書日本語訳テキスト

『聖書　聖書協会共同訳　旧約聖書続編付き』日本聖書協会、二〇一八年。

共観表

マルコ一〇章46―52節	マタイ九章27―31節	マタイ二〇章29―34節
46節 一行はエリコに来た。イエスが弟子たちや大勢の群衆と一緒に、エリコを出られると、ティマイの子で、バルティマイという盲人が道端に座って物乞いをしていた。		29節 一行がエリコを出て行くと、大勢の群衆がイエスに付いて行った。
47節 ナザレのイエスだと聞くと、「ダビデの子イエスよ、私を憐れんでください」と叫び始めた。	27節 イエスがそこから進んで行かれると、二人の盲人が、「ダビデの子よ、私たちを憐れんでください」と叫びながら付いて来た。	30節 すると、道端に座っていた二人の盲人が、イエスがお通りと聞いて、「主よ、ダビデの子よ、私たちを憐れんでください」と叫んだ。
48節 多くの人々が叱りつけて黙らせ		31節 群衆は叱りつけて黙らせようと

ようとしたが、彼はますます、「ダビデの子よ、私を憐れんでください」と叫び続けた。

49節
イエスは立ち止まって、「あの人を呼んで来なさい」と言われた。人々は盲人を呼んで言った。「安心しなさい。立ちなさい。お呼びだ」。

50節
盲人は上着を脱ぎ捨て、躍り上がってイエスのところに来た。

51節
イエスは、「何をしてほしいのか」と言われた。盲人は、「先生、また見えるようになることです(anablepō)」と言った。

28節
イエスが家に入ると、盲人たちがそばに寄って来たので、「私にできると信じるのか」と言われた。二人は、「はい、主よ」

したが、二人はますます、「主よ、ダビデの子よ、私たちを憐れんでください」と叫んだ。

32節
イエスは立ち止まり、二人を呼んで、「何をしてほしいのか」と言われた。

33節
二人は、「主よ、目を開けていただきたいのです（anoigō）」と言った。

マルコ一〇章46―52節

52節a
イエスは言われた。「行きなさい。あなたの信仰があなたを救った」。

52節b
盲人はすぐ見えるようになり(anablepō)、なお道を進まれるイエスに従った。

と言った。

マタイ九章27―31節

29節
そこで、イエスが二人の目に触れ、「あなたがたの信仰のとおりになれ」と言われると、

30節
二人は目が見えるようになった(anoigō)。イエスは、「このことは、誰にも知らせてはいけない」と彼らに厳しくお命じになった。

31節
しかし、二人は外へ出ると、その地方一帯にイエスのことを言い広めた。

マタイ二〇章29―34節

34節a
イエスが深く憐れんで、その目に触れられると、

34節b
盲人たちはすぐに見えるようになり(anablepō)、イエスに従った。

一　マタイによる主な編集箇所

1　治癒物語の設定

本章ではマタイがマルコ一〇章の盲人バルティマイの治癒物語（マコ一〇46―52）をどのように編集して、二人の無名の盲人の治癒に関する二つの物語（マタ九27―31、二〇29―34）を作成したのかを考察してみたいと思う。そのために、まず本節では、マタイがマルコの盲人バルティマイの治癒物語の設定をどのように編集したのかを見てみたい。

マルコ一〇章の盲人バルティマイの治癒物語は、イエスと弟子たちがエルサレムに入る直前に設定されている。イエスがエルサレムに行く途上で、自分の死と復活の三度目の予告を行い（マコ一〇32―34）、ヤコブとヨハネが「栄光をお受けになるとき、私どもの一人を先生の右に、一人を先生の左に座らせてください」（マコ一〇37）と願ったとき、イエスは「あなたがたの中で偉くなりたい者は、皆に仕える者となり、あなたがたの中で、頭になりたい者は、すべての人の僕になりなさい」(マコ一〇43—44)と諭す。そして、イエスは「人の子は、仕えられるためではなく仕えるために、また、多くの人の身代金として自分の命を献げるために来たのである」(マコ一〇45)と述べて、自らの受難と死を予告する。その後、イエスと弟子たちはエリコを訪れて、エリコを出たとき、イエスは道の上で盲人バルティマイの病を癒す(マコ一〇46—52)。この治癒の出来事の後、イエスと弟子たちはエルサレムに入り、イエスは受難と十字架上の死に至る道を歩んでいく。このように、盲人バルティマイの治癒奇跡は、イエスがすべての人々の救いのために、エルサレムにおける受難と死に向かう道を歩んでいたときに起きた出来事であると設定されている。このような設定を持つ盲人バルティマイの治癒物語を、マタイは以下のように編集している。

マタイ九章の二人の盲人の治癒物語は、山上の説教(マタイ五章—七章)の後に起こる一連の奇跡物語(マタイ八章—九章)の中に位置づけられている。イエスは山上の説教の後、弟子たちとともに旅をしながら、規定の病を患っている人々を癒す奇跡(マタ八1—4)、カファルナウムで百人隊長の子の病気を癒す奇跡(マタ八5—13)、ペトロのしゅうとめの病気を癒す奇跡（マタ八14―15）、悪霊を追い出す奇跡（マタ八16―17）、嵐を静める奇跡（マタ八23―27）、悪霊に取りつかれたガダラの人を癒す奇跡（マタ八28―34）、体の麻痺した人を癒す奇跡（マタ九1―8）、イエスの服に触れる女性の癒しと指導者の娘の癒しの奇跡（マタ九18―26）を行った。その後に、二人の盲人の治癒奇跡（マタ九27―31）が位置づけられている。マタイ九章の二人の盲人の治癒物語は、癒しの出来事が家の中で起きると編集されている（マルコ一〇章の盲人バルティマイの奇跡は道の上で起きる）。それから、イエスは口の利けない人を癒す奇跡（マタ九32―34）を行う。その後、イエスは町や村を回り、諸会堂で教え、「御国の福音」を宣べ伝えて、あらゆる病気や患いを癒す奇跡を行った（マタ九35）。そして、イエスは「群衆が羊飼いのいない羊のように弱り果て、打ちひしがれている」状態を見て、深い憐れみを覚え、弟子たちに「収穫は多いが、働き手が少ない。だから、収穫のために働き手を送ってくださるように、収穫の主に願いなさい」（マタ九37―38）と述べる。そのうえで、イエスは一二人の弟子を選び、「汚れた霊に対する権能」を彼らに授けて、悪霊を追い出し、病気を癒す力を与え（マタ一〇1―4）、一二人を宣教のために派遣した（マタ一〇5―15）。D・

A・ハグナーによれば、マタイ八―一〇章のイエスの一連の奇跡は、メシアの時代の到来への人々の期待に応えるものとして語られている（Hagner, Donald A. *Word Biblical Commentary vol. 33A: Matthew 1-13*, Dallas: Word Books, 1993, p. 252）。このイエスの奇跡とメシアの時代の到来との相応関係は、マタイ一一章のイエスへの洗礼者ヨハネの問いかけにおいて明確に示される。洗礼者ヨハネは牢の中でイエスの言葉とわざについて聞き、「来るべき方は、あなたですか。それとも、ほかの方を待つべきでしょうか」（マタイ一一3）と問い、自分の弟子たちをイエスのもとに送って尋ねさせる（マタイ一一2―3）。これに対して、イエスは以下のように答える。

行って、見聞きしていることをヨハネに伝えなさい。目の見えない人は見え、足の不自由な人は歩き、規定の病を患っている人は清められ、耳の聞こえない人は聞こえ、死者は生き返り、貧しい人は福音を告げ知らされている。私につまずかない人は幸いである。（マタイ一一4―6）

以上のように、マタイ九章の二人の盲人の治癒奇跡は、イエスの奇跡がメシアの到来を示すコンテクストの中に位置づけられ、最終的に洗礼者ヨハネへのイエスの答えをとおして、イエスがメシアであることが明示される。そして、イエスがさまざまな場所を巡りながら、多くの人々の病気を癒し、悪霊を追い出す奇跡を行うことによって、多くの群衆が苦しんでいるありさまを示す。このような人々の悲惨な状況は、イエスが一二人の弟子たちを選んで、彼らに人々の病を癒す力、悪霊を追い出す力を与えて宣教に派遣する根拠にもなっている。

次にマタイ二〇章の二人の盲人の治癒奇跡について考察してみたい。この治癒物語は、イエスと弟子たちがエルサレムに入る直前に設定されている。イエスが三度目の死と復活の予告（マタ二〇17―19）をした後、ヤコブとヨハネの母が「私の二人の息子が、あなたの御国で、一人はあなたの右に、一人は左に座れるとおっしゃってください」（マタ二〇21）と頼んだとき、イエスは「あなたがたの中で偉くなりたい者は、皆に仕える者となり、あなたがたの中で頭になりたい者は、皆の僕になりなさい」（マタ二〇26―27）と述べる。そのうえで、イエスは「人の子が、仕えられるためではなく仕えるために、また、多くの人の身代金として自分の命を献げるために来たのと同じように」（マタ二〇28）と告げて、自らの受難と死を予告する。その後、イエスは二人の盲人の癒しの奇跡（マタ二〇29―34）を行い、弟子たちとともにエルサレムに入城し（マタ二一1―11）、イエスは受難と死の道を歩んでいく。このような物語の設定は、マルコ一〇章の盲人バルティマイの治癒物語の設定をそのまま引き継いでいる。マルコ一〇章の盲人バルティマイの奇跡は道の上で起きるが、マタイ二〇章の二人の盲人の治癒物語も同じように、癒しの出来事が道の上で起きると述べられる。以上のように、マタイ二〇章の二人の盲人の治癒物語は、マルコ一〇章の盲人バルティマイの治癒奇跡と同様に、イエスがエルサレムにおける受難と死に向って、すべての人々の救いのために、自分の命をささげる道を歩むコンテクストの中に位置づけられている。

2　イエスと盲人との対話

本節では、マタイがマルコの盲人バルティマイの治癒物語におけるイエスと盲人との対話をどのように編集したのかを考察する。マルコ福音書の盲人バルティマイの治癒物語では、「ダビデの子イエスよ、私を憐れんでください」(マコ一〇47)、「ダビデの子よ、私を憐れんでください」(マコ一〇48)と盲人が二回叫ぶ。この盲人の叫び声を、マタイ九章の二人の盲人の治癒物語の中で、「ダビデの子よ、私たちを憐れんでください」(マタ九27)と編集し、マタイ二〇章の二人の盲人の治癒物語の中では、「主よ、ダビデの子よ、私たちを憐れんでください」(マタ二〇30)と編集している。

そのうえで、マルコ福音書の盲人バルティマイの治癒物語においては、イエスが盲人の叫びを聞いて立ち止まり、「何をしてほしいのか(ギリシア語の原文に即して訳すと、「あなたは私があなたに何をすることを望むのか」)」(マコ一〇51)と盲人に語りかける。これに対して、盲人は「先生、また見えるようになることです」(マコ一〇51)とイエスに答える。ここで、「また見えるようになり」という動詞には、ギリシア語の anablepō(目が見えるようになる)の接続法アオリスト能動態一人称単数形が用いられている。

この箇所をマタイは以下のように編集している。マタイ九章の二人の盲人の治癒物語では、イエスが盲人に「私にできると信じるのか」(マタ九28)と語りかけると、盲人が

「はい、主よ」（マタ九28）と答える。マタイ二〇章の二人の盲人の治癒物語においては、イエスが「何をしてほしいのか（ギリシア語の原文に即して訳すと、「あなたたちは、私があなたたちに何をするように望んでいるのか」）」（マタ二〇32）と問い、盲人は「主よ、目を開けていただきたいのです」（マタ二〇33）と答える。ここで、「目」を意味する語としてophthalmosというギリシア語が用いられている。マルコの盲人バルティマイの治癒物語には、「目」を意味するギリシア語が出てこないため、「目（ophthalmos）」という語を導入したのはマタイの編集である。さらに「（目を）開けていただきたいのです」という動詞には、ギリシア語のanoigō（開く）の接続法アオリスト受動態三人称複数形が用いられている。このanoigō（開く）はマタイの編集によって導入された言葉である。

3　盲人の癒しの出来事

本節では、マタイがマルコの盲人バルティマイの治癒物語の中の癒しの出来事の内容をどのように編集したのかを考察する。マルコ福音書の盲人バルティマイの治癒物語においては、イエスが「行きなさい。あなたの信仰があなたを救った」（マコ一〇51）と語りかけると、盲人は「すぐ見えるようになり」（マコ一〇52）、イエスに従った。ここで、「すぐ見えるようになり」という句には、ギリシア語のanablepō（目が見えるようになる）の直説法アオリスト能動態三人称単数形が用いられている。

この箇所をマタイは以下のように編集している。マタイ九章の二人の盲人の治癒物語では、イエスが「二人の目」に触れて、「あなたがたの信仰のとおりになれ」（マタ九29）と述べる。ここでも、イエスが二人の盲人の目に触れるとき、「目」を意味する語としてophthalmosというギリシア語が用いられている。そして、イエスが盲人の目に触れるという動作は、マルコの盲人バルティマイの癒しには出てこないため、マタイ独自の編集によるものである。ただ、癒しの出来事において、盲人の信仰（pistis）が強調される点は、マルコの盲人バルティマイの治癒物語とマタイ九章の二人の盲人の治癒物語に共通している要素である。その後、盲人たちの「目が見えるようになった」（マタ九30）と語られる。ここでも、「目」にはophthalmosというギリシア語が用いられている。そして、「(目が）見えるようになった」という動詞は、ギリシア語の原文に即して訳すと、「(目が）開かれた」であり、ギリシア語の anoigō（開く）の直説法アオリスト受動態三人称複数形が用いられている。このanoigō（開く）はマタイの編集によって導入された言葉である。その後、イエスは癒しの出来事を誰にも知らせてはいけないと二人に告げるが、二人はイエスのことを皆に言い広めてしまう（マタ九31）。奇跡内容を内密にするように命じるイエスの言葉は、マルコの盲人バルティマイの治癒奇跡には見られないものであり、マタイの編集によって導入された言葉である。

マタイ二〇章の二人の盲人の治癒物語では、イエスが「深く憐れんで」（マタ二〇34）、盲人たちの目に触れると、盲人たちは「すぐに見えるようになり」（マタ二〇34）、イエスに従ったと語られる。ここで、マタイは「深く憐れんで」（splagchnizomai）という語を導入している。共観福音書において splagchnizomai（深く憐れむ）は一二回用いられ（マタイ五回、マルコ四回、ルカ三回）、マタイ福音書の中で最も多く使用されている。この語は主にイエスが苦しむ人々を観たときに抱く深い憐れみを表現するときに用いられる（マタイ福音書では、マタ九36、マタ一四14、マタ二〇34など）。そして、すでに述べたように、イエスが盲人の目に触れるという記述は、マルコの盲人バルティマイの癒しには出てこないイエスの動作である。そして、マタイ二〇章34節では、「目」を意味する言葉として omma というギリシア語が用いられている。omma は新約聖書で二回しか出てこない特殊な言葉（マタ二〇34、マコ八23）である。マルコ福音書の中に、ベトサイダの盲人の治癒物語（マコ八22―26）がある。この治癒物語では、イエスが盲人の両目に唾をつけて、自分の両手を盲人の上に置いて病を癒す。その際に、「両目」を意味する言葉として omma というギリシア語が使われている。マタイは二〇章の二人の盲人の治癒物語を編集するにあたり、イエスが手で触れる盲人の目に、マルコ八章23節の omma を導入して用いたと考えられる。さらにマタイ二〇章の二人の盲人の治癒物語に出てくる「（すぐに）見えるようになり」という動詞には、ギリシア語の anablepō（［目が］見えるようになる）の直説法アオリスト能動態三人称複数形が用いられている。ここで、マタイはマルコの盲人バルティマイの癒しの後の「見えるようになる（anablepō）」をそのまま用いている。

二　旧約諸文書における「ダビデの子」という称号の意味

1　旧約正典におけるダビデの子孫とイスラエルの王位についての記述

マルコ一〇章の盲人バルティマイの治癒物語、マタイ九章と二〇章の二人の盲人の治癒物語においては、盲人が「ダビデの子よ」とイエスに呼びかけて、目を開いてほしいと懇願する。ここで、盲人たちは、なぜイエスに「ダビデの子」と呼びかけて治癒を願ったのか。本章では「ダビデの子」という称号が、そもそも旧約諸文書において一体何を意味していたのかを探求してみたい。そのうえで、まず本節では旧約正典におけるダビデの子孫とイスラエルの王位についての記述の内容を考察してみたい。

「ダビデの子」とは一体何なのかを探求するためには、まずサムエル記下七章のナタンの預言の内容を見ることが重要になってくる。ナタンの預言の中で、神はダビデに以下のように約束している。

昔、私の民イスラエルの上に士師を立てた頃のように、私はあなたの敵をことごとく退け、あなたに休息を与える。主は告げられる。主があなたのために家を興す。あなたが生涯を終え、先祖と共に眠るとき、あなたの末裔、あなたの身から出る者を後に立たせ、その王国を揺るぎないものとする。その者が私の名のために家を建て、私は彼の王国の王座をとこしえに堅く据える。私は彼の父となり、彼は私の子となる。彼が過ちを犯すときは、私は人の杖、人の子らの鞭をもって彼を懲らしめよう。私はあなたの前からサウルを退けたが、サウルから取り去ったように、その者から慈しみを取り去ることはしない。あなたの家とあなたの王国は、あなたの前にとこしえに続く。あなたの王座はとこしえに堅く据えられる。（サム下七11—16）

L・ノヴァコヴィッチによれば、このナタンの預言における神からダビデへの約束は、三つの内容によって構成されている。第一に神はダビデとダビデの子孫がイスラエルの王位を継承することを約束する。第二に神はダビデ並びにダビデの子孫と父と子の関係を結ぶことを約束する。第三に神はダビデ王家と王国の永続とを約束する。そして、この神の約束から、将来ダビデの子孫からイスラエルを解放して復興する終末論的なメシアが現れるという期待が生まれた（詩八九4、30、37、イザ一一1、エレ二三5、三三14－26など。Lidija Novakovic, *Missiah, the Healer of the Sick: A Study of Jesus as the Son of David in the Gospel of Matthew*, Tübingen: Mohr Siebeck, 2003, pp. 12–13)。

まず、神がダビデとダビデの子孫にイスラエルの王位を約束したことについて、旧約正典の諸文書は以下のようなさまざまなメタファーを用いて語っている（Novakovic, pp. 13–15)。まず、「灯」というメタファーが用いられる。例えば、サムエル記下で、ダビデがペリシテ人たちと戦ったとき、ダビデの家臣たちがダビデに「あなたはもう、我々と共に戦いに出てはなりません。イスラエルの灯を消してはなりません」（サム下二一17）と述べる。ここで、「イスラエルの灯」とは、ダビデとダビデの子孫への王位継承に関する神の約束を示す言葉である。そして、列王記上では、ダビデの子ソロモンの治世の末期、ソロモンに反旗を翻したヤロブアムに対して、神が「私はソロモンの子の手から王権を取り上げ、十部族をあなたに与える。ただ彼の子には一つの部族を与える。私の前で、私が名を置くために選んだ都エルサレムで、いつも僕ダビデが灯を保つためである」（王上一一35―36）と語る。ここでも、「灯」がダビデとダビデの子孫への王位継承に関する神の約束を示している。さらに、ダビデ王家が存続した南ユダ王国の王アビヤムは神に対して誠実でなかったが、「それにもかかわらず、神である主は、ダビデに免じて、エルサレムに灯を与えられた。それは跡継ぎを立てて、エルサレムを存続させるためであった」（王上一五4）と語られる。エルサレムに与えられた「灯」とは、ダビデの子孫への王位の約束を示す (Novakovic, p. 13)。次に「部族」というメタファーも用いられる。ソロモンが晩年、神の意志に背いて生きたため、神はソロモンに対して王国を分裂させる意向を示す。しかし、神は「ただし、王国すべてを引き裂くというのではない。わが僕ダビデに免じ、また私が選んだエルサレムに免じて、あなたの息子には一つの部族を与えることにする」（王上一一13）と述べて、ダビデの子孫が王位を保持することを約束する (Novakovic, p. 13)。さらに「角」というメタファーも用いられる。詩編一三二には、「ここに、ダビデのために一つの角を生やす。私が油を注いだ者のために一つの灯を据える。彼の敵には恥をまとわせる。しかし、その灯の上には王冠が花開くであろう」（詩一三二17—18）と述べられている。ここでは「灯」のメタファーとともに、ダビデの子孫に与えられる王位を示すものとして「角」のメタファーが用いられる。そして、詩編八九には「私のまことと慈しみは彼と共にあり、彼の角は私の名によって高く上げられる」（詩八九25）、エゼキエル書には「その日、私はイスラエルの家に一つの角を生やす。また私は、彼らの中であなたに口を開かせる。こうして、彼らは私が主であることを知るようになる」（エゼ二九21）と述べられ、ダビデの子孫に与えられる王位と王国の復興が「角」のメタファーを通して語られている（Novakovic, p. 13）。そして、「枝」のメタファーも用いられる。イザヤ書には「エッサイの株から一つの芽が萌え出で、その根から若枝が育ち、その上に主の霊がとどまる。知恵と分別の霊、思慮と勇気の霊、主を知り、畏れる霊」（イザ一一1—2）と述べられている。ダビデの子孫が「若枝」と表現され、「若枝」に「主の霊」がとどまり、神の祝福が約束されている。そして、エレミヤ書には、「その日が来る—主の仰せ。私はダビデのために正しい若枝を起こす。彼は王として治め、悟りある者となり、この地に公正と正義を行う」（エレ二三5）と語られている。ここでも、

「若枝」と表現されるダビデの子孫が王位に就き、イスラエルの王国を再興すると述べられる（Novakovic, p. 13–14）。

ダビデの子孫は、zera（種）というヘブライ語で表現されている。この言葉は、共同訳聖書では、「あなたの末裔」（サム下七12）、「あなたの子孫」（詩八九5）、「彼の子孫」（詩八九30、37）と訳されている。さらに、「あなたの身から出る者」（サム下七12）、「あなたの胎の実り」（詩一三二11）、「あなたの子の一人」（代上一七11）という表現も用いられている（Novakovic, p. 14–15）。

2　旧約諸文書における「ダビデの子」という称号の意味

本節では、旧約正典・外典・偽典、死海文書のクムラン教団関係のテキストの中に用いられる「ダビデの子」という称号の意味について考えてみたい。R・A・カルペッパーによれば、まず、旧約正典の中で「ダビデの子」と呼ばれるイスラエルの王は、ソロモンのみであった（「ダビデの子ソロモン」代上二九22、代下一1、一三6）。しかし、その後、紀元後一世紀までに成立した旧約外典・偽典の諸文書を見ると、神がダビデにダビデ王家と王国の永続を保証したサムエル記下の言葉に即して「ダビデの子」がソロモンだけではなく、ダビデの子孫全体を指すようになり、イスラエルを解放するメシアの称号であると理解されるようになった（R. Alan Culpepper, *Matthew A Commentary*, Louisville, Kentucky: Westminster John Knox Press, 2021, p. 188）。

ノヴァコヴィッチは紀元前一世紀頃に成立したと見られる「ソロモンの詩篇」に言及している（Novakovic, pp. 15–16）。「ソロモンの詩篇」では、イスラエルの歴史の中でダビデの王座が廃位されることと、終末において王的メシアである「ダビデの子」が出現することについて、以下のように述べられている。

主よ、あなたはダビデをイスラエルの王に選び、彼の王家はあなたの前で絶えることはない、と、彼に末永く子孫のことを誓いました。ところが私どもの罪を口実に罪びとは私どもにむかって立ち上り、私どもに襲いかかり、私どもを突き出し、あなたが約束しなかったものを私どもから力づくで奪いとり、あなたの尊いみ名を崇めませんでした。彼らはおのれの高位にあきたらず、きらびやかにみずから王冠をいただき、尊大な駆けひきによりダビデの王座を廃しました。神よ、あなたは彼らを打ち倒し、私どもと人種を異にする人を彼らに向っておこし、彼らの子孫を地から除いてくださいます。(「ソロモンの詩篇」一七4―7、後藤光一郎訳、日本聖書学研究所編『聖書外典偽典5　旧約偽典Ⅲ』教文館、一九七六年、五八―五九頁)

ここではサムエル記下七章のナタンの預言の内容に即して、ダビデとダビデの子孫による王位の継承に関する神の約束が語られる。ただし、「ソロモンの詩篇」のこの箇所では、神がダビデ王家と王座の永続を約束したにもかかわらず、イスラエルの民の中の罪深い者たちが高慢にも自ら王冠をいただき、ダビデの王座を廃してしまったと述べられる。ここで、自ら王を名乗った者とは、紀元前一世紀にイスラエルを支配していたハスモン家の支配者のことであると考えられる。ハスモン家の指導者は元来、「ヨハナン、大祭司、ユダヤ人社会のおさ」と名乗っていたが、王とは称していなかった。しかし、アリストブロス一世(在位紀元前一〇四―一〇三年)が指導者になると、はじめて自ら王を称するようになったという（「ソロモンの詩篇注」、日本聖書学研究所編『聖書外典偽典5　旧約偽典Ⅲ』、三六五頁）。しかし、「ソロモンの詩篇」では、終末において「ダビデの子」がメシアとして現れて王座に着くと述べられる。

主よ、ごらんくださいい、あなたが予知なさっている時期に、神よ、あなたの僕イスラエルに君臨するダビデの子を王にたててください。そうして彼に力の帯を締めてやってください。不義な首長たちを打ち破るため、エルサレムを踏みにじり破壊するもろもろの民からそれをきよめるため、正義の（ために）知謀をめぐらし罪びとらを相続の地から撃退するため、陶工の（ろくろの上の）器のように罪びととの傲慢をそぎとるため、鉄の棒で彼らの本質を粉砕するため、律法を犯すもろもろの民を彼の口の言葉で滅ぼすため、彼の脅しでもろもろの民が彼の前からにげ出すため、心の思いにしたがって罪びとらを咎めるためです。彼が正義に照らして導く聖なる民を集め、彼の主なる神により聖別された民の諸部族を裁くだろう。（「ソロモンの詩篇」一七21―26、後藤光一郎訳、日本聖書学研究所編『聖書外典偽典5　旧約偽典Ⅲ』、六〇―六一頁）

ノヴァコヴィッチは死海文書の中で紀元前一世紀後半に成立したと考えられる「４Ｑ創世記注解Ａ」（4Q252）と「フロリレギウム（詞華集）」（4Q174）にも言及している（Novakovic, pp. 16–18）。まず、「４Ｑ創世記注解Ａ」（4Q252）においては、「ダビデの芽」である「義のメシア」の到来を期待する言葉が述べられる。

王笏はユダの支族から離れることはな［い］。イスラエルが統治するときに、ダビデのために王座につく者は滅ぼされることは［ない］。なぜなら、杖とは、これすなわち、王権の契約だからである。［そして］イスラエルの幾［千もの］人々とは、これらすなわち、旗のことである。（余白）義のメシア、ダビデの芽の到来まで。なぜなら彼とその子孫には、永遠の世代に至るまで、彼の民の王権の契約が与えられているからである。なぜなら、彼は守る［……］トーラー、共同体の者たちと共に。なぜなら、［……］これすなわち、人々の集まり［……］与えた。（「４Ｑ創世記注解Ａ」五1―7、加藤哲平訳、『死海文書Ⅲ　聖書釈義』、月本昭男・山我哲雄・上村静・加藤哲平訳、ぷねうま舎、二〇二一年、一二頁。引用文中［……］は、死海文書のテキ

ストに欠損がある箇所）

この箇所では、ダビデとダビデの子孫には永遠に王位が約束されているため、世の終わりにおいて、ダビデの子孫から「義のメシア」が現われると述べられる。次に「フロリレギウム（詞華集）」（4Q174）においては、次のように述べられている。

「［そして］ヤハウェはあなたに［告］げる、かれがあなたのために家を建てると。そしてわたしはあなたの後にあなたの胤を起こし、彼の王国の玉座を［永］遠［に］確立する。わたしは彼にとって父となり、彼はわたしにとって子となる」。彼は、日々の［終］わり［に］シ［オン］に［……］律法の解釈者と共に立ち上がるダビデの若枝である、「わたしはダビデの倒れた仮庵を起こす」と書かれているように。彼はイスラエルを救うために立ち上がるダビデの倒れ［た］仮庵である。（「フロリレギウム（詞華集）」、上村静訳、『死海文書Ⅲ　聖書釈義』、二〇七―二〇八頁）

ここでは、ナタン預言におけるダビデの子孫への王位の約束とともに、世の終わりにダビデの子孫である「ダビデの若枝」が「律法の解釈者」とともに現われ、「ダビデの倒れた仮庵」、すなわちイスラエルの王国を復興することが明確に語られている。

次に神がナタンの預言において、ダビデ並びにダビデの子孫と父と子の関係を結ぶことを約束したことについて、ノヴァコヴィッチは旧約正典の中で、どのように述べられているのかを挙げている（Novakovic, pp. 20–21）。まず、詩編八九では、以下のように述べられている。

「彼は私に、『あなたはわが父
わが神、わが救いの岩と呼びかけるだろう。
私もまた、彼を長子とし
地の王の中で最も高き者とする。
私はとこしえに、彼のために慈しみを守り
私の契約は変わることがない。

私は彼の子孫をいつまでも
その王座を天の日々のように長らえさせる。
もしその子らが私の教えを捨て
私の法に従って歩まず
私の掟を汚し
私の戒めを守らないならば
私は杖によって彼らの背きを
病の鞭によってその過ちを懲らしめる。
それでも、私の慈しみを彼から取り去らず
私のまことに背くことはしない。
私の契約を汚さず
唇から出た言葉を変えはしない。
聖なる私自身にかけて、私は一つのことを誓った
ダビデを決して欺かないと。

彼の子孫はとこしえに続き
その王座は太陽のように私の前にあり
雲の中の確かな証人である月のように
　とこしえに堅く立つ」。（詩八九27―38）

この箇所で神はダビデとダビデの子孫を「長子」とみなして、ダビデの子孫の永続と王位の継承とを約束する。たとえダビデの子孫が神に背いたとしても、神は決して彼らを見捨てることなく、ダビデとの契約を誠実に守り、ダビデの子孫を守り続けるという。さらに神と王との父子関係を述べたものとして、詩編二が挙げられる。

私は主の掟を語り告げよう。
　主は私に言われた。
「あなたは私の子。
私は今日、あなたを生んだ。

求めよ。私は国々をあなたの相続地とし
地の果てまで、あなたの土地としよう。
あなたは彼らを鉄の杖で打ち砕く。
陶工が器を叩きつけるように」。(詩二7—8)

この箇所はダビデの子孫に直接言及していないが、神と王との直接的なつながり、神から王への土地の約束が語られる。「あなたは私の子。私は今日、あなたを生んだ」という言葉は、後にキリスト教における神理解(父と子との関係)にも大きな影響を与えた。

そのうえで、ノヴァコヴィッチは旧約外典・偽典における神と王(メシア)との関係についても考察している(Novakovic, pp. 21–24)。紀元後一世紀後半に成立した「第四エズラ記」では、終末における神と王(メシア)との関係について、以下のように述べられる。

すなわち、見よ、次のような時が来る。その時私があなたに予告した徴しが来たり、眼に見えぬ都市が現われ、今隠れている地が顕わとなる。そして私が予告した災禍から救われた者はみな、私の驚くべき業を見るだろう。すなわち我が子メシアが従う者と共に現われ、（その時地上に生きて）残れる者に四百年間の歓びを与えよう。そしてこれらの年のあと、私の子キリスト（受膏者すなわちメシア）と人間の息をもつすべての者は死ぬだろう。それから世は七日間初めの時のような太初の沈黙にかえり誰一人生き残る者はないだろう。そして七日の後、まだ目覚めぬ世は起され、過ぎゆく世は滅びるであろう。その時地はそこで眠る者を、塵はその中に声なく住む者を、倉は委託された魂を返すだろう。そして至高者が審きの座に現われる。その時憐れみは過ぎ去り、忍耐は退くだろう。他方では残るのはただ審きだけである。真理が立ち、忠実さが力を得るだろう。続いて償いが行われ、報いが示されるだろう。正義の業は目覚め、不義の業は眠れないだろう。（「第四エズラ記」七26―35、八木誠一・八木綾子訳、『聖書外典偽典5　旧約偽典Ⅲ』、一八五頁）

この箇所では、世の終わりに「我が子メシア」が彼に従う者とともに現れるという。ここでは、ユダヤ教黙示文学の文脈の中で、メシアである王が神の子であるとみなされている。このメシアは自分に従う者、地上で生き残った者たちとともに、四〇〇年生きるという。しかし、その後、メシアを含めてすべての者が滅びてしまう。そして、七日間、天地は沈黙に包まれる。それから、死せる者たちは蘇り、「至高者」が現われて、彼らに「審き」を行うという。メシアである王が神との直接的な関係の中で「私の子メシア」と呼ばれている所は、詩編二の内容に対応している。ただし、ここでも、王であるメシアがダビデの子孫であるという言及はなされていない。

さらに、神がナタンの預言においてダビデ王家と王国の永続とを約束することについて、ノヴァコヴィッチは旧約正典の内容を以下のように考察している（Novakovic, pp. 27–30）。まず、ダビデ王家と王国の永続に関する神の約束は、すでに見たサムエル記下七章のナタンの預言と、詩編八九に言及されている。サムエル記下七章では、「あなたの家とあなたの王国は、あなたの前にとこしえに続く。あなたの王座はとこしえに堅く据えられる」（サム下七16）と述べられ、詩編八九では、「あなたの子孫をとこしえに堅固なものとし、あなたの王座を代々に築こう」（詩八九5）、「私は彼の子孫をいつまでも、その王座を天の日々のように長らえさせる」（詩八九30）、「彼の子孫はとこしえに続き、その王座は太陽のように私の前にあり、雲の中の確かな証人である月のように、とこしえに堅く立つ」詩八九37―38）と述べられている。これらの箇所の特徴は、神がダビデ王家と王国の永続を無条件に約束している点である。すなわち、ダビデの子孫たちが神に背いて罪を犯しても、ダビデが神の意志に忠実に従って生きた正しい人であったため、神はダビデの子孫たちによる王位の永続的継承と王国の保全を無条件に約束しているのである（Novakovic, pp. 27–28）。さらにエレミヤ書三三章においても、神の無条件の約束が語られる。

「その日が来る――主の仰せ。私は、イスラエルの家とユダの家に語った恵みの約束を果たす。その日、その時、私はダビデのために正義の若枝を出させる。彼は公正と正義をこの地に行う。その日には、ユダは救われ、エルサレムは安らかに暮らす。この都は『主は我らの義』と呼ばれる。

主はこう言われる。ダビデのために、イスラエルの家の王座に着く者が絶えることはない。レビ人である祭司のためにも、私の前に焼き尽くすいけにえを献げ、穀物の供え物を焼いて煙にし、いつもいけにえを献げる者は絶えることがない」。

主の言葉がエレミヤに臨んだ。「主はこう言われる。もしあなたがたが、昼と結んだ私の契約、夜と結んだ私の契約を破り、昼と夜が定められた時に来ないようにできるなら、僕ダビデと結んだ私の契約も破られる。彼には、その王位を継ぐ子がいなくなり、私に仕えるレビ人である祭司との契約も破られる。数えきれない天の万象や、量りえない海の砂のように、私はわが僕ダビデの子孫と、私に仕えるレビ人の数を増やす」。（エレ三三14―22）

この箇所では、世の終わりが来るとき、神はダビデのために「正義の若枝」を出させて、イスラエルの家とユダの家と結んだ約束を果たすという。この「正義の若枝」とはダビデの子孫であり、イスラエルの王国を復興して、「公正と正義」を行う王（メシア）である。ダビデ王家からイスラエルの王座に着く者が絶えることない。そして、神とダビデとの契約が創造の秩序とも結び付けられて考えられている。すなわち、神は昼と夜と契約を結び、昼と夜が定められた時に来るようにしたという。もしも、イスラエルの民がこの契約を破って、昼と夜とを定められた時に来ないようにするならば、神とダビデとの契約も破られて、ダビデ王家は絶えるという。しかし、実際のところ、創造の秩序は神の定めたものであり、我々人間がそれを壊すことはできず、昼と夜とを定められた時に来ないように操作することもできない。そのため、我々人間は事実上、神が昼と夜と結んだ契約を永遠に壊すこともできない。それゆえ、神とダビデとの契約も壊れることなく無条件に永遠に続くのである (Novakovic, p. 28)。

これに対して、神とダビデとの契約が保持され、ダビデ王家と王国が神によって保全されるには、ダビデの子孫が神の言葉に従って生きるという条件を伴うと書かれている箇所もある。例えば、列王記上二章では、ダビデが最期を迎えるとき、後継者ソロモンに以下のように告げている。

「あなたの神、主への務めを守ってその道を歩み、モーセの律法に記されているとおりに、主の掟と戒め、法と定めを守りなさい。そうすれば、何をしても、どこに行っても成功するだろう。また、主は私に告げられた次の言葉を実現してくださるであろう。『あなたの子孫が、誠実に私の前を歩もうと、心を尽くし、魂を尽くして、その道を守るなら、イスラエルの王座に着く者が絶えることはない』。（王上二3—4）

この箇所では、ダビデがソロモンに神が与えた律法に従って生きるように命じる。もしも、ダビデの子孫が心を尽くして、魂を尽くして、神の言葉に従い、律法を守って生きるという条件を果たすならば、ダビデの子孫からイスラエルの王座に着く者が絶えることはないという。これは神とダビデとの契約が、条件付きであることを示している(Novakovic, p. 29)。

これと同じように、ソロモンが神殿を建て終えたとき、主がソロモンの前に現れて次のように述べている。

主は言われた。「私は、あなたが乞い求めた祈りと願いを聞いた。私は、あなたが建てたこの神殿を聖別し、そこに私の名をとこしえに置く。私の目、私の心はいつもそこにある。あなたがもし、父ダビデが歩んだように、誠実な心で正しく私の前を歩み、命じられたことをすべて行い、掟と法を守るなら、私はイスラエルのあなたの王座をとこしえに確かなものとする。あなたの父ダビデに、『イスラエルの王座に着く者が絶えることはない』と約束したとおりである。もしあなたがたとその子孫が、私に背を向けて離れ去ってしまい、私が与えた戒めと掟を守らず、他の神々のもとに行って、これに仕え、これにひれ伏すなら、私が与えたこの土地からイスラエルを絶ち、私がその名のために聖別した神殿を、私の前から捨て去る。こうしてイスラエルはすべての民の中で、物笑いの種となり、嘲りの的となるだろう。(王上九3—7)

この箇所で、主はソロモンに対して、ダビデのように誠実な心で主に仕え、主の律法に従って生きるという条件を果たすならば、神はダビデ王家の王座を確かなものとすると述べる。しかし、ソロモンと彼の子孫が神の意志に背いて、律法に従って生きることがないときは、カナンの地からイスラエルの民を絶ち、神殿を破壊すると告げる。以上のように神が条件つきで、ダビデ王家の王位と王国の永続を約束するという記述は、詩編一三二にも見られるものである。

主はダビデに確かな誓いを立てられた。
主がそこから引き返されることはない。
「あなたの胎の実りの中から
　あなたの王座に着く者を定める。
あなたの子らが、私の契約と
　私が教える定めを守るなら
その子らも、永遠にあなたの王座に着くであろう」。（詩一三二11―12）

この箇所でも、主がダビデに立てた誓いについて述べられている。主はダビデの子孫から王座に着く者を決定し、ダビデの子孫が神との契約と律法を守って生きるならば、ダビデの子孫の永続的な王位継承を約束すると述べる（Novakovic, pp. 29-30）。

さらにノヴァコヴィッチは、ダビデの子孫による王位継承と王国の永続に関する約束について死海文書に記されている内容を考察している（Novakovic, pp. 30-34）。まず、すでに挙げた「4Q創世記注解A」（4Q252）において「義のメシア、ダビデの芽の到来まで。なぜなら彼とその子孫には、永遠の世代に至るまで、彼の民の王権の契約が与えられているからである」（「4Q創世記注解A」五3—4、加藤哲平訳、『死海文書Ⅲ　聖書釈義』、一二頁）と述べられているように、神とダビデとの契約において、ダビデの子孫に王位が永続的に約束されている。この点は、旧約正典の記述と変わることはない。

以上のように、神はダビデとダビデの子孫に特別な祝福を与え、神はダビデとダビデの子孫がイスラエルの王位を継承し、彼らと父と子の関係を結び、ダビデ王家と王国の永続とを約束した。そして、イスラエルの王国を復興するメシアが、終末においてダビデの子孫から現れるという信仰が発展した。

ところで、ここで一つ問題になるのは、イスラエルを解放するメシアである「ダビデの子」が、なぜ悪霊を追い出したり、病気を治癒したりする能力と結びつくようになったのかということである。そもそも、イスラエルの王国を再建して統治する政治的な王であるメシアが、なぜ悪霊に取りつかれた人々や病人たちと関わり、悪霊を追い出したり、病人を癒したりすると考えられるようになったのだろうか。この点について考察してみたいと思う。

J・ドヴォラセックは「ダビデの子」であるソロモンの知恵が、紀元後一世紀以降、悪霊の追放、病気の治癒の能力と関連づけられるようになったと考える（Jiří Dvořáček, *The Son of David in Matthew's Gospel in the Light of the Solomon as Exorcist Tradition*, Tübingen: Mohr Siebeck, 2016, pp. 34-36）。

まず、「ダビデの子」ソロモンに関して、列王記上は以下のように述べる。

神はソロモンに、非常に豊かな知恵と英知、そして海辺の砂浜のような広い心をお与えになった。ソロモンの知恵は、東方のどの人たちの知恵にも、エジプトのいかなる知恵にもまさっていた。彼は、エズラ人エタンや、マホルの子らであるヘマン、カルコル、ダルダの誰よりも賢く、その名声は周りのすべての国々に知れ渡っていた。ソロモンは三千の箴言を語り、その歌は千と五を数えた。レバノンの杉から、石垣に生えるヒソプに至る草木について論じ、獣や鳥、這うものや魚について語った。ソロモンの知恵を聞きつけたあらゆる国の王のもとから、その知恵を聞こうとあらゆる民が

やって来た。（王上五9―14）

その後、紀元後一世紀に作成されたと考えられる「知恵の書」では、ソロモンの知恵の内容が以下のように述べられる。

存在するものについての誤りなき知識を
神は私に授けられた。
宇宙の仕組みと元素の働き
時の始めと終わりと中間と
太陽の至点の交代と季節の移り変わり
年の周期と辰星の位置
生き物の本性と野獣の気質
もろもろの霊の力と人間の思考
植物の種別と根の効用

およそ隠れたこともあらわなことも私は知った。
万物の造り手である知恵が私に教えたからである。(知恵七17―22)

ドゥヴォラセックによれば、「もろもろの霊の力」についてのソロモンの知識は、悪霊についての知識に関係づけられ、植物や動物についての知識は医療についての知識に結びづけられて理解されたという(Dvořáček, p. 36)。

さらに死海文書の中で紀元後一世紀に作成されたと考えられる「悪霊祓いの詩篇」においては、ソロモンが主(YHWH)の名によって悪霊を追い出し、病気を癒す能力を持っていたと述べられる。

[……]ソロモン、彼がもろもろの[霊]と悪霊を呼び出すだろう。これらは悪霊であり、[敵意の]王である。[……]深淵[……]偉大な[……]。(ソロモンは)あなたの名に依り頼んで、彼の人々を癒す。そして、彼はイスラエルを呼び出し、天(と地とそこにあるものすべてを創造し、暗闇から光を)分けた(神である主)により頼

んで……。（*11Q Apocryphal Psalms*, in *The Dead Sea Scrolls Study Edition, vol. 2*, ed. Florentino García Martínez and Eibert J. C. Tigchelaar, Leiden: Brill, 1998, pp. 1201–1202. 筆者訳）

さらに後代になると、四世紀から五世紀に作成されたと考えられる「ソロモンの遺訓」では、「ダビデの子」であるソロモンが万軍の主なる神によって悪霊を閉じ込める能力を与えられていたと述べられる。

> 私がこれを聞いたとき、私、ソロモンは神の神殿に行き、昼も夜も神を賛美しながら、魂のすべてをもって神に祈った。その結果、悪霊が私の手の下に送られ、私は悪霊に対する権威を持つだろう。私が天と地の神に祈っていたとき、宝石から掘られた印章を持つ小さな指輪が万軍の主から大天使ミカエルをとおして私に与えられた。そして、大天使は私に言った。「ダビデの子、ソロモンよ、万軍の主であり、いと高き神からあなたに与えられる贈り物を受け取りなさい。あなたはすべての悪霊を

閉じ込めることができるようになり、あなたがこの神の印章を身に着けている間、エルサレムを建て直すことができるようになる。(「ソロモンの遺訓」一5―7。*The Testament of Solomon*, in *The Apocryphal Old Testament*, ed. H. F. D. Sparks, Oxford: Clarendon Press, 1984, p. 738. 筆者訳)

ソロモンは病気を引き起こすさまざまな悪霊を追い出す能力を持っていたため、病気を癒す能力を持っていたともみなされている(Dvořáček, p. 55)。このように「ダビデの子」という称号が、紀元一世紀においては、ダビデの子孫であるメシアを意味するとともに、治癒者ソロモンをも意味していた。そして、「ダビデの子」ソロモンはその知恵により、悪霊を追い出し、病を癒す能力を持つと考えられていた。

3　旧約諸文書におけるさまざまなメシア像

これまで述べてきたように、旧約諸文書では、ダビデの子孫の者が世の終わりに現われて、イスラエルの王座に着き、王国を復興するという思想が発展した。そして、「ダビデの子」であるソロモンが自らの知恵にもとづいて悪霊を追い出し、病気を治癒する能力を持っているとも考えられるようになった。しかし、旧約諸文書では、このような王的なメシアだけではなく、預言者や祭司的メシアが世の終わりに到来してイスラエルの民に最終決定的な救いをもたらすという思想も発展した。この節では、そのような終末論的な救いをもたらす預言者や祭司的メシアについて考察してみたいと思う。

ノヴァコヴィッチによれば、旧約正典を見ると、申命記において「モーセのような預言者」が将来、イスラエルの民のもとに現れることについて言及されている（Novakovic, pp. 109–111）。神はモーセに対して以下のように述べる。

私は彼らのために、同胞の中からあなたのような預言者を立て、その口に私の言葉を授ける。彼は私が命じるすべてのことを彼らに告げる。彼が私の名によって語る私の言葉に聞き従わない者がいれば、私はその責任を追及する。（申一八18—19）

ところが、モーセの死に際して以下のようにも述べられる。

イスラエルには、再びモーセのような預言者は現れなかった。主が顔と顔を合わせて彼を選び出されたのは、彼をエジプトの地に遣わして、ファラオとそのすべての家臣、およびその全土に対して、あらゆるしるしと奇跡を行うためであり、また、モーセがイスラエルのすべての人々の目の前で、力強い手と大いなる恐るべき業を行うためであった。（申三三10―12）

モーセはイスラエルの民をエジプトから救い出すために、神から遣わされ、「あらゆるしるしと奇跡」を行った。ここではモーセの死後、「モーセのような預言者」は現れなかったと書かれている。

ただ、列王記下には北王国において預言者エリシャがさまざまな奇跡を行ったことが記されている。彼は死んだ子どもを生き返らせる治癒奇跡（王下四32―37）、「規定の病」にかかっていたナアマンの病気を癒す治癒奇跡（王下五10―14）を行った。

さらに、後にクムラン教団では、終末において「モーセのような預言者」が到来するという考えが発展した（Novakovic, p. 111）。例えば、死海文書の中の「1Q共同体の規則」（1QS）の中では、以下のように述べられる。

彼らはいかなる律法の計画からも（はみ）出さず、心をひたすら頑なにして歩むこともない。むしろ彼らは、共同体の人々が戒められ始めたはじめの諸法規によって裁かれる、預［言］者およびアロンとイスラエルのメシアたちが来るまでは。（「1Q共同体の規則」九9―11、松田伊作・上村静訳、『死海文書Ⅰ　共同体の規則・終末規定』、松田伊作・月本昭男・上村静訳、ぷねうま舎、二〇二一年、四二頁）

ここで、世の終わりに現れる「預言者およびアロンとイスラエルのメシアたち」とは、預言者が「モーセのような預言者」を指し示し、アロンのメシアが祭司系メシア、イスラエルのメシアがダビデの子孫である王的メシアを指し示している。ここでは、終末論的な救いをもたらす存在として、預言者、祭司的メシア、王的メシアの到来が語られる。同じ死海文書の中の「ダマスコ文書」では、メシアの到来について以下のように述べられている。

このような審きが神の命令を拒み、それらを棄て、自分たちの心の思いに向かった者すべてに臨んだ。すべてダマスコの地で新しい契約に入った人々はこのようであった。彼らは身を翻して欺き、生ける水の井戸から逸れた。彼らは民の会議に数え入れられず、彼らが記入されるときも、彼らは記入されない。集められた日から、[……]共同体の教師が、アロンからとイスラエルからメシアが立ち上がるまで。(「ダマスコ文書」一九32b—二〇1、月本昭男訳、『死海文書I 共同体の規則・終末規定』、一六六頁)

ここでは、イスラエルのメシアとアロンのメシアという二人のメシアについて語られている。クムラン教団の教義において、イスラエルのメシアとは、「最後の戦いをとおして『光の子』らを解放する政治的メシア」であり、アロンのメシアとは、「正しい祭儀を再興する祭司的メシア」である(「序にかえて　死海文書とは何か」、『死海文書I　共同体の規則・終末規定』、x頁)。アロンのメシアとイスラエルのメシアという二人のメシア思想は、ゼカリヤ書四章で語られる二人のメシア(「これらは全地の主のそばに立つ二人の、油注がれた人たちである」[ゼカ四14])からの影響を受けていると考えられる(同上、x頁)。さらに、死海文書の「テスティモニア(証言集)」(4Q175)には、申命記五章28―29節、一八章18―19節が引用され、「モーセのような預言者」が将来メシアとして到来することへの希望が語られている(「テスティモニア(証言集)」、上村静訳、『死海文書Ⅲ聖書釈義』、二四三―二四四頁)。

以上のように、旧約諸文書においては、まずダビデ王家の子孫が世の終わりにおいてイスラエルの王として再臨し、王国を再興するという王的メシア論が発展した。そして、ダビデの子ソロモンが神から与えられた知恵によって、悪霊を追放し、病気を癒す特別な能力を持っていたように、ダビデの子孫である王的メシアもダビデの子と呼ばれ、治癒奇跡を行うことができると考えられるようになった。そして、王的メシアだけでなく、世の終わりに「モーセのような預言者」が再来して、神の言葉をイスラエルの民に伝えるという思想が発展し、この預言者も治癒奇跡を行うことができると考えられた。さらにアロンの子孫である祭司的なメシアも到来して、正しい祭儀を再興するという思想も発展した。

三　マタイ福音書における「ダビデの子」という称号の意味

1　マタイ福音書における「ダビデの子」と王的メシア像

本章では、旧約諸文書の「ダビデの子」の内容をふまえて、新約聖書のマタイ福音書において「ダビデの子」という称号がどのような意味を持っているのかを探求する。まず本節では、マタイ福音書における「ダビデの子」と王的メシア像がどのように関係しているのかを考察してみたい。共観福音書では、イエス・キリストに「ダビデの子」という称号が与えられている。この称号は共観福音書の中では、マタイ福音書に多く見られる（マタイ一〇回、マルコ四回、ルカ四回）。

U・ルツによれば、マタイは「ダビデの子」であるイエスのプロフィールを三段階で表現している（Ulrich Luz, *Matthew 8–20 Commentary*, translated by Wilhelm C. Linss. Minneapolis: Augsburg Fortress, 2001, p. 48）。第一にマタイ福音書の冒頭の「アブラハムの子、ダビデの子、イエス・キリストの系図」（マタ一1）という文言において、イエスがダビデの子孫に連なる者で、イスラエルを解放するメシアであることを指し示している。第二にマタイ福音書八章から二〇章までは、「ダビデの子」とは、治癒奇跡を行うイスラエルの救い主を意味する。第三にマタイ福音書二一章以降の終盤の箇所で、「ダビデの子」はたんにイスラエルを解放するメシアにとどまらず、全世界の「主」であると考えられている（マタ二二41—45）。そして、癒しを求める人々は「ダビデの子」であるイエスを「主」と呼んでいる（マタ九27、九28、一五22、二〇31—33）。そして、病人に対してイエスはさまざまな治癒奇跡を行った。しかし、イエスはファリサイ派と律法学者に対して「ものの見えない案内人、あなたがたに災いあれ」（マタ二三16）と述べているように、多くの治癒秘跡を行いながらも、ファリサイ派と律法学者の精神的な盲目状態は続いていると考えている。

ノヴァコヴィッチは、マタイ福音書冒頭のイエス・キリストの系図において、イエスがダビデの系譜の中でどのように位置づけられているのかを考察している（Novakovic, pp. 34-45）。この系図は「アブラハムの子、ダビデの子、イエス・キリストの系図」（マタ一1）という言葉から始まり、アブラハムからダビデまでの十四代の人物名が記され、その後、ダビデからバビロン捕囚で移住させられたエコンヤまでが十四代、さらにエコンヤからイエスまでが十四代であったと述べられている（マタ一17―18）。イエスの直前の系譜を見ると、「ヤコブはマリアの夫ヨセフをもうけた。このマリアからメシアと呼ばれるイエスがお生まれになった」（マタ一16）と述べられ、イエスはヨセフを通してダビデ王家の系譜に連なる者とされているが、ヨセフとの血縁関係を持っていない。これはイエスの出生の経緯とも関係している。マリアは聖霊のはたらきによってイエスを身ごもった。そして、マリアの許嫁であるヨセフは、ダビデの子孫であるとされる人物であった。彼は結婚前にマリアが身ごもったことを知り、彼女と密かに離縁しようとした（マタ一19）。しかし、主の天使がヨセフに夢の中で「ダビデの子、ヨセフ、恐れずマリアを妻に迎えなさい。マリアに宿った子は聖霊の働きによるのである。マリアは男の子を産む。その子をイエスと名付けなさい。この子は自分の民を罪から救うからである」（マタ一20

―21）と告げた。それを受けて、ヨセフはマリアを妻に迎え、マリアから生まれたイエスはダビデの系譜に連なる者となり、「ダビデの子」とみなされるようになった。そこから、イエスは父なる神の独り子（マタ一―27）でありながら、ダビデの子でもあるという二重のアイデンティティを持つようになった。

マタイ福音書において、イエスがメシアであることは、彼が神の子であるという現実から切り離すことはできない。それは、ペトロがフィリポ・カイサリアでイエスに「あなたはメシア、生ける神の子です」（マタ一六16）と信仰告白した言葉からも分かる。マタイ二二章においてイエスがファリサイ派に「あなたがたはメシアのことをどう思うか。誰の子だろうか」（マタ二二42）と聞くと、ファリサイ派の人々は、「ダビデの子です」と答えた（マタ二二42）。これに対して、イエスは以下のように述べる。

「では、どうしてダビデが、霊を受けて、メシアを主と呼んでいるのか。
『主は、私の主に言われた。
「私の右に座れ

私があなたの敵を
あなたの足台とするときまで。」』
このように、ダビデがメシアを主と呼んでいるのであれば、どうしてメシアがダビデの子なのか」。（マタ二二43―44）

ここで、イエスは詩編一一〇の「主は、私の主に言われた。『私の右に座れ　私があなたの敵をあなたの足台とするときまで』」（詩編一一〇1）を引用して、ダビデが「主は、私の主に言われた」と語った言葉に注目し、「主」を神、「私の主」を神の子であるメシアと理解して、メシアがダビデの子であることを否定している。ノヴァコヴィッチは、この箇所でマタイは「メシアとは誰なのか」について二つの問いを並行して提示していると考察する。その二つの問いとは、「もしも、メシアがダビデの子であるなら、いかにしてメシアがダビデの主と呼ばれうるのか」、「もしも、メシアがダビデの主と呼ばれるなら、どのようにしてメシアがダビデの子であると呼ばれうるのか」という問いである（Novakovic, p. 58)。この二つの問いは、互いに相対立する内容を持っている。しかし、ノヴァコヴィッチは、イエスが神の子（ダビデの主）でありながら、ダビデの子であるゆえに、サムエル記下七章のナタンの預言におけるダビデへの神の約束の中の第一と第二の内容が成就されたと見る。すなわち、第一にダビデとダビデの子孫がイスラエルの王位を継承するという約束、第二にダビデ並びにダビデの子孫と父と子の関係を結ぶという約束が成就されたと見る（Novakovic, p. 62）。そして、それとともに、マタイは神の子が聖霊の働きによってマリアの内に懐胎し、この世界で生まれてから、ヨセフのもとで育てられたことにより、後から「ダビデの子」とされたことを明確に示す。それとともに、血縁関係によってダビデの子孫である人物が、後から神の子とされたのではないことをも示している（Novakovic, p. 63）。

　マタイ福音書では、イエスの病気の治癒、悪霊の追放を行う場面において人々が、イエスを「ダビデの子」と呼んでいる。

　その時、悪霊に取りつかれて目が見えず口の利けない人が、連れられて来て、イエスが癒やされると、ものが言え、目が見えるようになった。群衆は皆驚いて、「まさ

か、この人がダビデの子ではあるまいか」と言った。（マタ一二22―23）

この箇所を見ると、「ダビデの子」は悪霊を追い出す者、病気を癒す者であるという考えが群衆の中にあったことが分かる。その背景には、すでに述べたダビデの子ソロモンが自らの知恵にもとづいて悪霊を追い出したり、病気を癒したりする能力を持っていたという理解から来ていると考えることができる。

イエスとソロモンとの関係について見てみると、ドヴォラセックによれば、マタイはイエスが神の知恵そのものであることを示している（Dvořáček, p. 210）。例えば、以下の箇所が挙げられる。

（イエスは言った）。「ヨハネが来て、食べも飲みもしないと、『あれは悪霊に取りつかれている』と言い、人の子が来て、食べたり飲んだりすると、『見ろ、大食漢で大酒飲みだ。徴税人や罪人の仲間だ』と言う。しかし、知恵の正しさは、その働きが証明する』」。（マタ一一18―19）

そのうえで、マタイは神の知恵であるイエスと、ソロモンの知恵とを対比させて、以下のように述べる。

イエスはお答えになった。「邪悪で不義の時代はしるしを欲しがるが、預言者ヨナのしるしのほかには、しるしは与えられない。つまり、ヨナが三日三晩、大魚の腹の中にいたように、人の子も三日三晩、大地の中にいることになる。裁きの時には、ニネベの人たちが今の時代の者たちと共に復活し、この時代を罪に定めるであろう。ニネベの人たちは、ヨナの説教を聞いて悔い改めたからである。だが、ここに、ヨナにまさるものがある。裁きの時には、南の女王が今の時代の者たちと共に復活し、この時代を罪に定めるであろう。この女王はソロモンの知恵を聞くために、地の果てから来たからである。だが、ここに、ソロモンにまさるものがある」。(マタ一一 39—42)

終末の裁きの際、ソロモンの知恵を聞きに行った南の女王が、不信仰な今の世代の者たちを罪に定めるとイエスは述べる。ここで「ソロモンにまさるもの」とは、神の知恵そのものであるイエスを意味すると考えられる。神の知恵であるイエスは、ソロモンの知恵にまさるものである。そして、神の知恵の内容がイエスの言葉と行いにおいて示されているにもかかわらず、ファリサイ派や律法学者の人々はイエスを受け容れなかったため、終末の裁きにおいて罪に定められる（Dvořáček, p. 210）。このようにマタイ福音書においてイエスは「ダビデの子」としてイスラエルの民を解放する王的メシアであり、ソロモンが自らの知恵によって治癒奇跡を行ったように、イエスも神の知恵そのものとして悪霊を追い出し、病気を癒す能力を持つ者であると考えられていたのである。

2　マタイ福音書における「ダビデの子」と預言者・祭司的メシア像

本節では、マタイ福音書における「ダビデの子」と預言者・祭司的メシア像がどのように関係しているのかを考察してみたい。前節で「ダビデの子」とは王的メシアであると述べた。しかし、マタイ福音書に現れる群衆の言葉を見ると、彼らが「ダビデの子」という王的メシアと、終末に現れる預言者とを一体化して捉えていたことが分かる。例えば、イエスと弟子たちがエルサレムに入ったとき、群衆は以下のようにイエスを迎えた。


群衆は、前を行く者も後に従う者も叫んだ。

「ダビデの子にホサナ。

主の名によって来られる方に
祝福があるように。

いと高き所にホサナ」。

イエスがエルサレムに入られると、都中の人が、「一体、これはどういう人だ」と言って騒いだ。群衆は、「この方は、ガリラヤのナザレから出た預言者イエスだ」と言った。（マタ二一9—10）

この箇所で群衆は「ダビデの子」であるイエスが「ガリラヤのナザレから出た預言者」で

あると述べている。前章ですでに述べたように、旧約諸文書では、「モーセのような預言者」が再来して、治癒奇跡を行いながら、神の言葉を人々に伝えるという思想が発展していた。そこから、群衆がイエスを「ダビデの子」と呼ぶとき、終末論的な救いをもたらす王的メシアと預言者とを一体化して捉えていたことが分かる。実際にイエスがさまざまな奇跡を行う姿は、旧約の時代においてモーセが「あらゆるしるしと奇跡」を行ったこと、預言者エリシャが治癒奇跡を実践したこととも重なるのである。

さらにイエスが誕生する前、主の天使がヨセフに「この子は自分の民を罪から救うからである」(マタ一21)と告げる。この言葉には、祭司的なメシア像が反映されている。旧約の時代において、祭司は神とイスラエルの民の仲介者として神に献げ物をささげて、イスラエルの民の罪の贖いを行った。これと同じように、イエスも祭司的メシアとして、イスラエルの民を罪から救う者であると考えられていたことが分かる。それでは、イエスが祭司的メシアであるとは、どのようなことを意味しているのだろうか。マタイはイエスの治癒奇跡が、旧約の預言の成就であることを強調する。

夕方になると、人々は悪霊に取りつかれた者を大勢連れて来た。イエスは言葉で霊どもを追い出し、病人を皆癒やされた。こうして、預言者イザヤを通して言われたことが実現した。

「彼は私たちの弱さを負い
病を担った」。（マタ八16―17）

ここでマタイはイエスの治癒奇跡が、イザヤ書五三章4節aの「彼が担ったのは私たちの病、彼が負ったのは私たちの痛みであった」という言葉の成就であると述べる。この箇所は以下の第二イザヤの「主の僕の歌」の一部である。

この人は主の前で若枝のように
乾いた地から出た根のように育った。
彼には見るべき麗しさも輝きもなく
望ましい容姿もない。

彼は軽蔑され、人々に見捨てられ
痛みの人で、病を知っていた。
人々から顔を背けられるほど軽蔑され
私たちも彼を尊ばなかった。
彼が担ったのは私たちの病
彼が負ったのは私たちの痛みであった。
しかし、私たちは思っていた。
彼は病に冒され、神に打たれて
苦しめられたのだと。
彼は私たちの背きのために刺し貫かれ
私たちの過ちのために打ち砕かれた。
彼が受けた懲らしめによって
私たちに平安が与えられ
彼が受けた打ち傷によって私たちは癒やされた。（イザ五三2―5）

「主の僕の歌」では、「主の僕」の受難と死によって、人々が癒されて救われたと見る。この「主の僕の歌」は、後にイエス・キリストの受難と死の意味を理解するために決定的な影響を与えた。マタイの理解では、イエスの治癒奇跡の本質とは、イエスが人々の弱さや病を担うことであり、そのうえでイエスは「神の霊」（マタ一二28）の力によって悪霊を追い出し、病気を治癒させる奇跡を行った。さらに、マタイはイエスが人々の苦しみや病を担って治癒奇跡を行ったことは、イエスが人生の終局において、人々の罪を担って、自分自身の命をささげて受難と死を経験し、人類の罪を赦す贖いを実現したこととつながってくる。これはイエスの持つ祭司的メシアとしての性格である。以上のように、群衆がイエスを「ダビデの子」と呼ぶとき、終末論的な救いをもたらす王的メシアと預言者と祭司的メシアが一体になって捉えられていたと考えられる。

四　二人の盲人の治癒

1　二人の脇役

本章では、マタイの二人の盲人の治癒物語の考察に戻り、なぜマルコにおける一人の盲人バルティマイの治癒物語が、「二人」の盲人の治癒物語に編集されたのかを考えてみたいと思う。マタイの場合、悪霊に取りつかれた二人の人の癒し（マタ八28―34）や二人の盲人の癒しなど、二人の人に対するイエスの治癒奇跡が続けて語られる。

R・ブルトマンは、共観福音書における「二」という数のモチーフについて、さまざまな用例を挙げている（ルドルフ・ブルトマン『共観福音書伝承史II』、加山宏路訳、新教出版社、一九八七年、一八八―一八九頁）。例えば、イエスが二度二人の弟子を召す場面（マコ一16―20）、二人一組で宣教に派遣する場面（マコ六7、ルカ一〇1）、ゼベダイの二人の息子（ヤコブとヨハネ）がイエスに質問をする場面（マコ一〇35）、二人の弟子がエマオに旅する場面（ルカ二四13）などである。ブルトマンは共観福音書の物語技法の一つとして、物語の「脇役」が「二人」とされることがあると述べる。その例として、イエスの変容の場面でエリヤとモーセが現れる場面（マコ九4）、イエスと一緒に二人の強盗が十字架に付けられる場面（マコ一五27）などを挙げている（ブルトマン、一八九頁）。もともと一人、もしくは不特定多数の脇役であったものが編集されて、二人の脇役になることもある。例えば、イエスの復活の際、マルコ福音書では「白い衣を着た若者」が一人現れるが（マコ一六5）、ルカ福音書では「輝く衣を着た二人の人」が現れる（ルカ二四4）というように編集される（ブルトマン、一九一頁）。ブルトマンはこのような物語技法にもとづいて、マタイがマルコの一人の盲人の治癒物語を二人の盲人の治癒物語に編集したと考えている（ブルトマン、一九二頁）。しかし、筆者の私見を述べると、たんにマタイが物語技法として、一人の盲人の治癒物語を二人の盲人の治癒物語に編集したと説明するだけでは不十分である。なぜなら、その説明では、従来、イエスが一人ひとりの病人と関わって治癒行為を行っていたのに、マタイ福音書では、なぜイエスが二人の病人を一緒に癒したのか、その特別な理由を説明することができないからである。

2　二人の証人

マタイはなぜイエスが二人の盲人を癒したと編集したのかを考えるためには「証人」という観点が有効である。カルペッパーによれば、マタイ福音書の中で教会の信徒の間で起きたすべてのことが、二人または三人の人の証言によって確定されなければならない（マタ一八16）と述べられているように、奇跡が起きたときも二人以上の証人を必要とするという考えがマタイの編集の背景にあったと思われる（Culpepper, p. 387）。この点で、イエスが二人の盲人を一緒に癒したという出来事も、癒された二人の者が互いに証人になることによって、治癒奇跡が起きたことを証明することができるという意味が含まれていると考えられる。

さらに筆者の私見を述べると、イエスが一人の盲人を癒す奇跡の場合、イエスと目を開かれた者との間に深いつながりが開かれ、イエスと癒された者との間に新たな出会いが生まれる。これに対して、イエスが二人の盲人を癒す奇跡の場合、イエスと癒された者との間に新しいつながりと出会いが開かれるだけでなく、イエスによって目を開かれた二人の間にも新たなつながりと出会いが開かれる。そして、イエスによって癒された者同士の隣人愛の地平も開かれると考えることができる。

五　目を「開く（anoigō）」

1　聖書における「開く（anoigō）」の用例と意味

マタイはマルコの盲人バルティマイの治癒奇跡を編集したときに、二人の盲人の治癒物語に「開く（anoigō）」という言葉を導入した。本章では、マタイ福音書において「開く（anoigō）」がどのような意味を持ち、どのような理由があって編集の際に、この言葉をマタイが導入したのかを考えてみたい。まず、本節では旧約・新約聖書の中で「開く（anoigō）」がどのような文脈で、どのような意味を持って用いられていたのかを考察する。

マルコ一〇章46節から52節の盲人バルティマイの治癒物語では、「目が見えるようになる」という動詞にanablepōが用いられている（マコ一〇51、52）。しかし、マタイ九章の二人の盲人の治癒物語では、盲人の目が開かれたという事態を表現するために、anoigōという動詞が用いられている（マタ九30）。そして、マタイ二〇章の二人の盲人の治癒物語では、盲人たちがイエスに目を開けてもらいたいと願う言葉の中に、anoigōという動詞が用いられている（マタ二〇33）。

anoigōは能動態では、第一に「～を開く」、第二に「～を元に戻す」、「～を回復する」という意味を持つ。そして、受動態では、「～が開かれる」、「～が開かれた状態にある」という意味を持つ（*An Intermediate Greek Lexicon: Founded Upon the Seventh Edition of Liddell and Scott's Greek-English Lexicon*, Oxford: Clarendon, 1972, p. 73）。

まず、ヘブライ語聖書（旧約聖書）のマソラ本文において、「～を開く」を意味する言葉として、pāqach（פָּקַח）とpāthach（פָּתַח）の二つの言葉が挙げられる。第一にpāqachは目を開く行為に用いられる言葉である。例えば、「それを食べると目が開け、神のように善悪を知る者になることを神は知っているのだ」（創三5、傍線部は筆者が付加した)、「すると二人の目が開かれ、自分たちが裸であることを知った。彼らはいちじくの葉をつづり合わせ、腰に巻くものを作った」(創三7)、「その時、見えない人の目は開けられ、聞こえない人の耳は開かれる」(イザ三五5)、「主よ、耳を傾けて聞いてください。主よ、目を開いて見てください」(イザ三七17)などの箇所に pāqach が用いられている。ただし、イザヤ四二章20節bのみ、耳を開く行為にこの言葉を用いている(「耳を開きながら、聞くことはない」)。

第二に pātach は、何かを開く行為一般(目を開く行為は除く)に用いられる。例えば、「ノアの生涯の第六百年、第二の月の十七日、その日、大いなる深淵の源がすべて裂け、天の窓が開かれた」(創七11、傍線部は筆者が付加した)、「四十日たって、ノアは自分が造った箱舟の窓を開け、烏を放した。烏は飛び立ったが、地上の水が乾くまで、行ったり来たりした」(創八6—7)、「主はレアが疎んじられているのを見て、その胎を開かれた」(創二九31)、「ヨセフはすべての穀倉を開いてエジプト人に穀物を売ったが、エジプトの地の飢饉は激しくなった」(創四一56)などの箇所に、pātach が用いられている。

そのうえで、ギリシア語の七十人訳聖書を見ると、マソラ本文で pāqach(「目を」開く)

が用いられているすべての箇所に、anoigō（イザ三五5、イザ三七17など）、dianoigō（創三5、創三7など）という言葉が用いられる。そして、マソラ本文でpāthachが用いられている箇所には、多くの場合、anoigōが用いられている（創七11、創八6、創二九31、創四一56など）。このように、ギリシア語に翻訳されると、目を開く行為は、anoigōもしくはdianoigōで表現され、何かを開く行為一般は、anoigōで表現される。

新約聖書を見ると、anoigōは共観福音書の中で一八回用いられ、マタイに多く見出される（マタイ一一回、マルコ一回、ルカ六回、一四〇頁）。マタイでは、「そこで、イエスは口を開き、彼らに教えられた」（マタ五2）、「叩きなさい。そうすれば、開かれる」（マタ七7）、「二人は目が見えるようになった」（マタ九30）、「主よ、目を開けていただきたいのです」（マタ二〇33）、「ご主人様、ご主人様、開けてください」（マタ二五11）などの箇所に用いられている。このように、共観福音書において、anoigōという言葉は、三つの箇所（マタ二11、マタ一七27、ルカ一二36）を除いて、すべて神自身が何かを開く行為を意味している（この場合、イエスの行為も神の行為として捉えている）。

P・G・ミュラーによれば、anoigōという言葉は、共観福音書の記者にとって、神自身が「開く」力であり、この力は「地上のイエスおよび終末論的な再臨のキリスト」の救済行為の中で明らかにされる（P.-G. Müller「ἀνοίγω」、荒井献・H・J・マルクス監修『ギリシア語　新約聖書釈義事典　第一巻』、教文館、一九九三年、一四〇頁）。例えば、Q資料に由来する「叩きなさい。そうすれば、開かれる」（マタ七7、ルカ　一9）の句における anoigō（開く）は神自身が扉を開く行為を意味する。そして、マタイ特殊資料に由来する「十人のおとめの譬え」において、愚かなおとめたちが「ご主人様、ご主人様、開けてください」（マタ二五11）と花婿に訴える。ここでも、anoigō（開く）が用いられている。このとき、扉を開く花婿とは「終末論的な花婿」イエス・キリストである（P.-G. Müller「ἀνοίγω」、『ギリシア語　新約聖書釈義事典　第一巻』、一四〇頁）。

マタイはいくつかの箇所で、マルコ福音書に由来する聖書箇所を編集するとき、神自身が何かを開く主体であることを強調するために、anoigō（開く）を導入することがある。例えば、マルコ福音書に由来するイエスの洗礼の箇所では、イエスが洗礼を受けたときに天が開かれる場面で、マルコは「そしてすぐ、（イエスが）水から上がっているとき、天が裂けて、霊が鳩のようにご自分の中へ降って来るのを御覧になった」（マコ一10）と述べ、「天が裂けて」には、schizō（裂ける）という動詞を用いる。マタイとルカはマルコの同じ箇所を「天が開け」（マタ三16、ルカ三21）に編集し、anoigō（開く）という動詞に変更している。この編集は、イエスが洗礼を受けたときに、神自身が天を開いて祝福を与えたことを強調するためになされたと考えられる。さらに、マルコ福音書に由来するイエスの死の直後の出来事の記述には、神殿の垂れ幕が裂けて、百人隊長が「まことに、この人は神の子だった」と述べたと記されている（マコ一五38―39）。この記述にマタイが編集を施して、「地震が起こり、岩が裂け、墓が開いて、眠りに就いていた多くの聖なる者たちの体が生き返った」（マタ二七51―52）という記述を付加している。このとき、「墓が開いて」（マタ二七52）には、anoigō（開く）が用いられている。この墓が開くという出来事にも、イエスの死の出来事の終末論的な意味が暗示されている（P.-G. Müller「ἀνοίγω」、『ギリシア語　新約聖書釈義事典　第一巻』、一四〇頁）。

　次にdianoigōは共観福音書の中で五回用いられ、ルカ福音書の中に最も多く見出される（マルコ一回、ルカ四回。マタイは用いていない）。例えば、「そして、天を仰いで呻き、その人に向って『エッファタ』と言われた。これは、『開け』という意味である」（マコ七34、傍線部は筆者が付加した)、「母の胎を開く初子の男子は皆、主のために聖別される」(ルカ二23)、「すると、二人の目が開け、イエスだと分かったが、その姿は見えなくなった」(ルカ二四31)、「道々、聖書を説き明かしながら、お話ししてくださったとき、私たちの心は燃えていたではないか」(ルカ二四32)などの箇所でdianoigōという言葉が使われている。このように、共観福音書において、dianoigōという言葉もanoigōと同様に、神自身が何かを開く行為を意味している(この場合、イエスの行為も神の行為として捉えている)。ミュラーによれば、共観福音書において、dianoigōという言葉は、神自身が何かを開く行為、何かを説き明かす行為に限定して用いられている(P.-G. Müller「διανοίγω」、『ギリシア語　新約聖書釈義事典　第一巻』、一四〇頁)。

以上のように、七十人訳聖書では、anoigōとdianoigōという言葉は、神が何かを開く行為と人間が何かを開く行為の両方に用いられていた。しかし、新約聖書の共観福音書において、anoigōとdianoigōは、神自身が何かを開いて、終末論的な救いをもたらす行為を意味している。

2 マタイ福音書の二人の盲人の治癒奇跡における anoigō（開く）の意味

本節では、マタイが二人の盲人の治癒奇跡において、anoigō（開く）をどのように用いているのかを考察してみたい。マタイはイエスが盲人を癒す行為に目を「開く(anoigō)」という語を用いるとき、このanoigōはイエスの治癒行為において神自身がはたらいて盲人の目を開く事態、イエスの治癒行為によって終末論的な救いが開かれる事態を表現している。マタイ九章の二人の盲人の治癒奇跡は、山上の説教の一連の奇跡物語の中に組み込まれている。これらの奇跡はイエスがメシアであることを示す。とりわけ、メシアの時代が到来したということを示す言葉が、マタイ一一章の洗礼者ヨハネに対するイエスの言葉である。

行って、見聞きしていることをヨハネに伝えなさい。目の見えない人は見え、足の不自由な人は歩き、規定の病を患っている人は清められ、耳の聞こえない人は聞こえ、

死者は生き返り、貧しい人は福音を告げ知らされている。私につまずかない人は幸いである。(マタ一一4—6)

このイエスの言葉は、第一イザヤがイスラエルの終末論的な救いについて語る箇所と対応している。

その時、見えない人の目は開けられ
聞こえない人の耳は開かれる。
その時、歩けない人は鹿のように跳びはね
口の利けない人の舌は歓声を上げる。
荒れ野に水が
砂漠にも流れが湧き出る。(イザ三五5—6)

七十人訳聖書は「その時、見えない人の目は開けられ」(イザ三五5)の「開けられ」という語に anoigō（開く）を用いている。筆者の私見を述べると、マタイがイエスの治癒行為の中で anoigō（開く）という動詞を用いたのは、盲人の目を開くイエスの行為が、イスラエルの民に対する神の終末論的な救いを表していることを明確に示すためであったと思われる。

おわりに

本論の主題は、マタイがマルコ福音書の盲人バルティマイの治癒物語に「二人の盲人」の目を「開く（anoigō）」という編集をしたことによって、イエスの治癒奇跡にいかなる意味を付与しようとしたのかを解明することであった。マタイ福音書の盲人の治癒奇跡において、イエスは「ダビデの子」と呼ばれている。旧約諸文書の中で、紀元一世紀頃、「ダビデの子」はダビデの子孫で、世の終わりに到来して、イスラエルを解放する王的なメシアであるという意味を持っていた。そして、その「ダビデの子」は治癒者ソロモンであり、その知恵にもとづいて悪霊を追い出し、病を癒す能力を持つ者であるという意味を持っていた。これに即して、マタイ福音書においても、「ダビデの子」イエスは、ダビデの子孫としてイスラエルを解放する王的なメシアであるとみなされるとともに、神の知恵そのものとして、悪霊を追い出して、病を癒す能力を持つ者であるとみなされていた。

さらに旧約の諸文書においては、世の終わりに「モーセのような預言者」が到来して治癒奇跡を行い、神の言葉を伝えるという思想、祭司的メシアが再来して正しい祭儀を復興するという思想も発展した。そこから、マタイ福音書においては、「ダビデの子」であるイエスの内に、ダビデの子である王的メシア、預言者、祭司的メシアが統合されている。

マタイが一人の盲人の治癒物語を二人の盲人の治癒物語に編集しているのは、マタイ福音書の記述の中で、教会の信徒の間で起きたすべてのことが、二人または三人の人の証言によって確定されると述べられていることから、奇跡が起きたときも、二人以上の証人を必要とするという考えが背景にあったためであると考えられる。二人の盲人がともに癒されることによって、互いに証人になり合うことができるのである。

さらに盲人を癒すイエスの行為に、マタイが盲人の目を「開く（anoigō）」という言葉を用いているのは、「ダビデの子」イエスが王的メシア、預言者、祭司的メシアとして、人々の苦しみや病を担い、神の霊によって悪霊を追い出して、病気を癒し、その治癒行為を通して、イスラエルに終末論的な救いをもたらす者であるという意味をイエスの治癒行為に付与するためであったと考えられる。

参考文献

外国語文献

An Intermediate Greek Lexicon: Founded Upon the Seventh Edition of Liddell and Scott's Greek-English Lexicon. Oxford: Clarendon, 1972.

Biblia Hebraica Stuttgartensia. Stuttgart: Deutsche Bibelgesellschaft, 1977.

Culpepper, R. Alan. *Matthew A Commentary*. Louisville, Kentucky: Westminster John Knox Press, 2021.

Dvořáček, Jiří. *The Son of David in Matthew›s Gospel in the Light of the Solomon as Exorcist Tradition*. Tübingen: Mohr Siebeck, 2016.

Hagner, Donald A. *Word Biblical Commentary vol. 33A: Matthew 1–13*. Dallas: Word Books, 1993.

Hagner, Donald A. *Word Biblical Commentary vol. 33B: Matthew 14–28*. Dallas: Word Books, 1995.

Luz, Ulrich. *Matthew 8–20 Commentary*. Translated by Wilhelm C. Linss. Minneapolis: Augsburg Fortress, 2001.

Novakovic, Lidija. *Missiah, the Healer of the Sick: A Study of Jesus as the Son of David in the Gospel of Matthew*. Tübingen: Mohr Siebeck, 2003.

Novum Testamentum Graece. 28th revised edition. Based on the work of Eberhard and Erwin Nestle. Edited by Barbara and Kurt Aland, Johannes Karavidopoulos, Carlo M. Martini, Bruce M. Metzger. Stuttgart: Deutsche Bibelgesellschaft, 2012.

Septuaginta. Id est Vetus Testamentum graece iuxta LXX interpretes edidit Alfred Rahlfs. Stuttgart: Deutsche Bibelgesellschaft, 1935.

The Apocryphal Old Testament. Edited by H. F. D. Sparks. Oxford: Clarendon Press, 1984.

The Dead Sea Scrolls Study Edition, vol. 1. Edited by Florentino García Martínez and Eibert J. C. Tigchelaar. Leiden: Brill, 1997.

The Dead Sea Scrolls Study Edition, vol. 2. Edited by Florentino García Martínez and Eibert J. C. Tigchelaar. Leiden: Brill, 1998.

日本語文献

荒井献、H・J・マルクス監修『ギリシア語　新約聖書釈義事典　第一巻』教文館、一九九三年。

『死海文書Ⅰ　共同体の規則・終末規定』、松田伊作・月本昭男・上村静訳、ぷねうま舎、二〇二一年。

『死海文書Ⅲ　聖書釈義』、月本昭男・山我哲雄・上村静・加藤哲平訳、ぷねうま舎、二〇二一年。

『聖書　旧約聖書続編付き　聖書協会共同訳』日本聖書協会、二〇一八年。

日本聖書学研究所編『聖書外典偽典5　旧約偽典Ⅲ』、後藤光一郎ほか訳、教文館、一九七六年。

ブルトマン、ルドルフ『共観福音書伝承史Ⅰ』、加山宏路訳、新教出版社、一九八三年。

ブルトマン、ルドルフ『共観福音書伝承史Ⅱ』、加山宏路訳、新教出版社、一九八七年。

執筆者紹介

並木　浩一　（なみき　こういち）

1935年生まれ。国際基督教大学卒業、東京教育大学博士課程中退。国際基督教大学名誉教授。

『古代イスラエルとその周辺』新地書房、1979年。『旧約聖書における社会と人間』、教文館、1982年。『ヘブライズムの人間感覚』新教出版社、1997年。『旧約聖書における文化と人間』教文館、1999年。『「ヨブ記」論集成』2003年、教文館。『聖書の想像力と説教』キリスト新聞社、2009年。『ヨブ記の全体像』日本キリスト教団出版局、2013年。『批評としての旧約学』日本キリスト教団出版局、2013年。『旧約聖書の水脈』日本キリスト教団出版局、2014年。『ヨブ記注解』日本キリスト教団出版局、2021年。

本多　峰子　（ほんだ　みねこ）

1960年生まれ。学習院大学博士前期課程、博士後期課程修了、文学博士。東京大学総合文化研究科博士前期課程、博士後期課程修了、学術博士、二松学舎大学教授。

『天国と真理—C.S.ルイスの見た実在の世界』新教出版社、1995年。*The Imaginative World of C.S. Lewis*, The University Press of America, 2000.『悪と苦難の問題へのイエスの答え—イエスと神義論』キリスト新聞社、2018年。

角田　佑一　（つのだ　ゆういち）

1979年生まれ。上智大学神学研究科修士課程修了、Jesuit School of Theology of Santa Clara University博士課程修了、神学博士。上智大学神学部助教。

原敬子・角田佑一編著『「若者」と歩む教会の希望　次世代に福音を伝えるために　2018年上智大学神学部夏期神学講習会講演集』日本キリスト教団出版局、2019年。“Composite Nature without Particularities: Leontius of Byzantium’s Understanding of Severus of Antioch’s Miaphysite Christology.” In *Studia Patristica* 129. Leuven: Peeters, 2021, 183–194.「曽我量深『日蓮論』における日蓮本仏思想」、『宗教研究』第97巻1号、日本宗教学会、2023年、51–74頁。「教皇フランシスコ『ラウダート・シ』におけるインテグラル・エコロジーと戦争」、『東西宗教研究』21号、東西宗教交流学会、2023年、28–43頁。

宗教と病――聖書的信仰の観点から

発行日　2023年10月16日

編　者　上智大学
　　　　キリスト教文化研究所
　　　　所長　川中　仁
発行者　大石昌孝
発行所　有限会社　リトン
　　　　〒101-0061　東京都千代田区神田三崎町 2-9-5-402
　　　　電話 (03) 3238-7678　FAX (03) 3238-7638
印刷所　株式会社 TOP 印刷

ISBN978-4-86376-097-4 C0016　<Printed in Japan>

思いがけない言葉――聖書で見過ごされている文書
上智大学キリスト教文化・東洋宗教研究所編
四六判並製　176 頁　本体 2200 円＋税
森　一弘／雨宮　慧／佐久間勤／小林　稔／高柳俊一師の論文を収録。
ISBN978-4-947668-68-4

主の道を歩む――聖書における「道」の意味・構図
上智大学キリスト教文化・東洋宗教研究所編
四六判並製　186 頁　本体 2200 円＋税
佐久間勤／岡崎才蔵／森　一弘／小林　稔／高柳俊一師の論文を収録。
ISBN978-4-947668-77-6

心に湧き出る美しい言葉――福音、ことば、道
上智大学キリスト教文化・東洋宗教研究所編
四六判並製　152 頁　本体 2200 円＋税
小林　稔／森　一弘／高柳俊一／佐久間勤／岡崎才蔵師の論文を収録。
ISBN978-4-947668-83-7

主と食卓を囲む――聖書における食事の象徴性
上智大学キリスト教文化・東洋宗教研究所編
四六判並製　171 頁　本体 2200 円＋税
佐久間勤／江川　憲／高柳俊一／森　一弘／小林　稔師の論文を収録。
ISBN978-4-947668-89-9

洗礼と水のシンボリズム――神の国のイニシエーション
上智大学キリスト教文化研究所編
四六判並製　164 頁　本体 2000 円＋税
佐藤　研／森　一弘／江川　憲／高柳俊一／増田祐志師の論文を収録。
ISBN978-4-947668-99-8

パウロの現代性――義認・義化の教師としてのパウロ
上智大学キリスト教文化研究所編
四六判並製　148 頁　本体 2000 円＋税
高柳俊一／手島勲矢／佐久間勤／宮本久雄／森　一弘師の論文を収録。
ISBN978-4-86376-007-3

史的イエスと『ナザレのイエス』

上智大学キリスト教文化研究所編

四六判並製　180 頁　本体 2000 円＋税

佐藤　研／岩島忠彦／里野泰昭／増田祐志／川中　仁師の論文を収録。

ISBN978-4-86376-016-5

さまざまに読むヨハネ福音書

上智大学キリスト教文化研究所編

四六判並製　142 頁　本体 2000 円＋税

川中　仁／武田なほみ／三浦　望／高柳俊一／増田祐志師の論文を収録。

ISBN978-4-86376-021-9

終末を生きる

上智大学キリスト教文化研究所編

四六判並製　166 頁　本体 2000 円＋税

光延一郎／雨宮　慧／小林　稔／ホアン・アイダル／川村　信三師の論文を収録。

ISBN978-4-86376-026-9

日本における聖書翻訳の歩み

上智大学キリスト教文化研究所編

四六判並製　154 頁　本体 2000 円＋税

佐藤　研／小高　毅／渡部　信／山浦玄嗣／佐久間勤師の論文を収録。

ISBN978-4-86376-033-2

文学における神の物語

上智大学キリスト教文化研究所編

四六判並製　132 頁　本体 2000 円＋税

片山はるひ／佐久間勤／竹内修一／山根道公師の論文を収録。

ISBN978-4-86376-039-4

聖書の世界を発掘する——聖書考古学の現在

上智大学キリスト教文化研究所編

四六判並製　174 頁　本体 2,000 円＋税

津本英利／小野塚拓造／山吉智久／月本昭男／長谷川修一氏の論文を収録。

ISBN978-4-86376-045-5

ルターにおける聖書と神学

上智大学キリスト教文化研究所編

四六判並製　156 頁　本体 2,000 円＋税

内藤新吾／竹原創一／吉田　新／川中　仁／鈴木　浩／竹内修一師の論文を収録。

ISBN978-4-86376-053-0

慈しみとまこと――いのちに向かう主の小道

上智大学キリスト教文化研究所編

四六判並製　132 頁　本体 1,500 円＋税

月本昭男／ホアン・アイダル／竹田文彦師の論文とシンポジウムを収録。

ISBN978-4-86376-062-2

宗教改革期の芸術世界

上智大学キリスト教文化研究所編

四六判並製　148 頁　本体 1,500 円＋税

中島智章／児嶋由枝氏の論文とシンポジウム（磯山雅氏参加）を収録。

ISBN978-4-86376-067-7

ユダヤ教とキリスト教

上智大学キリスト教文化研究所編

四六判並製　206 頁　本体 2,000 円＋税

高橋洋成／志田雅宏／武井彩佳氏の論文とシンポジウムを収録。

ISBN978-4-86376-076-9

旧約聖書の物語解釈

川中　仁　編

四六判並製　167 頁　本体 1,500 円＋税

水野隆一／中村信博／月本昭男氏の論文を収録。

ISBN978-4-86376-082-0

新約聖書の奇跡物語

川中　仁　編

四六判並製　213 頁　本体 2,000 円＋税

廣石　望／前川　裕／川中　仁師の論文を収録。

ISBN978-4-86376-092-9